청소년들의 진로와 직업 탐색을 위한
잡프러포즈 시리즈 51

WHY NOT?
▶유튜버

청소년들의 진로와 직업 탐색을 위한 잡프러포즈 시리즈 51

WHY NOT?

유튜버

김켈리 지음

CONTENTES

● LIVE

▶ ▶❙ ◀))

YOUTUBER

 SUBSCRIBE   TALK SHOW

YOUTUBE

끊임없이 도전하자 ✅

건강하게 살고 있는 하루를 감사히 여기자

C·O·N·T·E·N·T·S

C·O·N·T·E·N·T·S

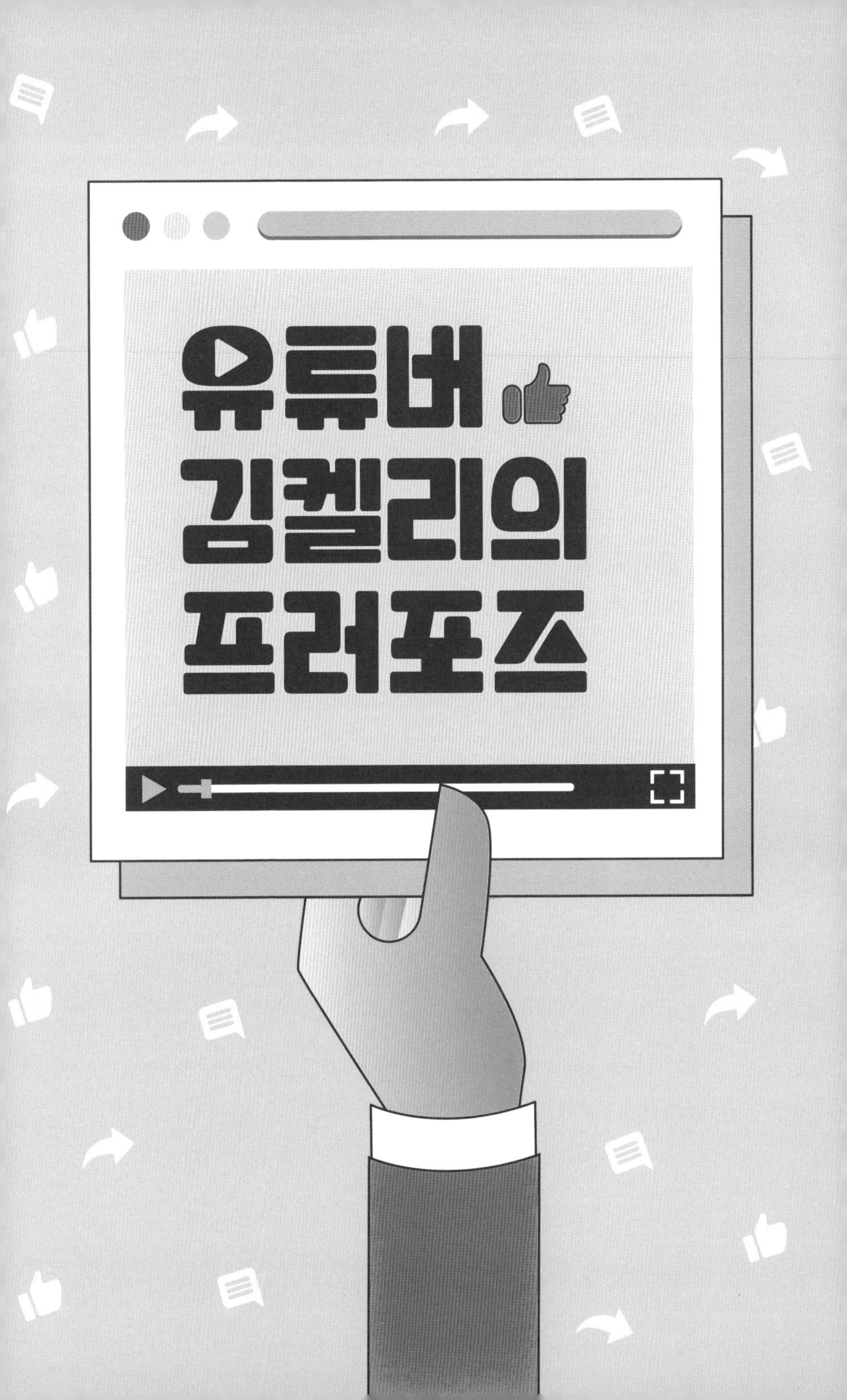
유튜버
김켈리의
프러포즈

청소년 여러분 안녕하세요?

전업 유튜버로 활동하기 이전인 2021년 말까지만 해도 초등 교사로 일을 해서인지, 여러분이 이 책을 읽게 될 거라는 상상만 해도 흐뭇한 미소가 지어집니다.

여러분, 학생의 삶을 사는 것이 생각보다 쉽지 않죠? 저도 학생 때, 특히 고등학생 때는 매일 끝나지 않는 공부를 하고 입시 생활을 버티는 것이 너무 힘들어서 차라리 빨리 어른이 되었으면 좋겠다는 생각을 한 적이 여러 번 있었어요. 한국 사회도 점차 다양한 개성을 존중하는 분위기로 변화하고 있기는 하지만, 여전히 자녀들에 대한 부모님들의 기대가 높고 성적 경쟁이 심하다 보니, 때로는 학생으로 살아가는 것이 너무 힘들고 마음이 답답해지는 때도 있을 거예요.

여러분은 커서 어떤 사람이 되고 싶나요? 요즘 학생들에게 물어보면 자신의 진로에 대해 정확하게 말하지 못하는 친구들이 많아요. 당연한 일이겠지요. 공부하느라 바빠서 먼 미래에 무엇을 할지 그것까지 생각할 여유가 없는 친구들이 많을 거예요. 그런데 저는 제 경험을 돌아보았을 때, 여러분이 훗날 어떤 일을 하던 자신만의 콘텐츠를 제작하고 공유하는 활동은 꼭 해야 한다고 생각해요. 혼자서 매일 열심히 무언가를 해도 알아주는 사람이 없으면 쉽게 포기하게 되거든요. 하지만 내가 열심히 무언가에 힘을 쏟고 그것을 콘텐츠로 만들어 공유하면, 많은 사람들이 나의 노력과 재능, 실력을 알아주게 되겠죠. 공부에 큰 소질이 없는 친구들도 자신이 좋아하고 관심 갖는 것, 자신의 특기를 영상 콘텐츠로 만들어서 유튜브에 꾸준히 올리면 그것으로 인정받는 사람이 될 수 있어요. 유튜브는 여러분의 끼와 재능을 마음껏 펼칠 수 있는 자유로운 공간이랍니다.

이 책에서는 제가 몇 년 간 유튜브 채널을 운영해 온 경험을 살려서 여러분이 어떻게 하면 좋은 콘텐츠 크리에이터가 될 수 있는지 제 노하우를 알려 줄 거예요. 책을 읽으면서 나는 과연 어떤 콘텐츠를 만들 수 있을지 상상의 나래를 펼쳐보기를 바랍니다.

유튜버 김켈리 올림

첫인사 👍

편 – 토크쇼 편집자

김 – 유튜버 김켈리

편 김켈리 선생님 안녕하세요? 잡프러포즈 시리즈에 함께해 주셔서 감사합니다. 이미 너무 유명하시지만, 그래도 지면이니까 선생님 소개를 부탁드립니다.

김 안녕하세요. 저는 2014년 3월부터 7~8년 정도 초등 교사로 일했고, 2021년 말에 의원면직을 했습니다. 현재는 유튜버 및 프리랜서 강사로 활동하고 있어요. 학교 현장에 있을 때는 영어 수업 전문가가 되고 싶어서 수업 대회에도 여러 번 참가하며 열심히 수업 능력을 갈고닦았습니다. 저는 어릴 때부터 서울에 사는 것이 꿈이었어요. 그런데 대학을 선택할 때 지망 대학을 교대로 전향하면서 서울에 사는 꿈이 좌절되었고, 이후 임용시험은 꼭 서울로 쳐야겠다고 생각했지만 막상 시험을 칠 때가 되니 겁이 나서 그 해에 교사를 많이 뽑았던 경북으로 시험을 쳤어요. 하지만 꿈을 포기할 수 없어서 경북에서 1년 반 동안 근무한 후 사직하고, 다시 서울로 임용시험을 쳐서 결국 서울로 오게 됐죠.

제가 왜 유튜브 활동을 시작하게 됐는지 궁금해하시는 분들이 많은데요, 그 이유는 임용시험을 여러 번 치르는 과정에서 심적으로 너무 힘들었고 제가 만약 시험에 합격한다면 임용시험을 준비하는 후배들에게 도움이 되는 일을 하고 싶다는 결심을 했어요. 그래서 교사 발령을 받은 그 해 임용시험이 다가왔을 때, 후배들을 위

김켈리 유튜브 첫 영상 (영어 수업 실연)　　　● LIVE

해 2차 시험과목인 수업 실연 영상을 찍어서 올렸죠. 그 영상이 많은 교대생, 사범대생들에게 퍼지면서 제 유튜브 채널은 교사가 되기를 원하는 대학생들 사이에 알려지기 시작했고 조금씩 성장해 나갔답니다.

　제가 많은 선생님들과 외부 사람들에게 알려지게 된 계기는 코로나로 인한 온라인 개학이었어요. 많은 사람들이 온라인 수업을 어떻게 진행해야 할지 몰라 당황해할 때 저는 그동안 유튜브를 운영해 온 실력과 열심히 갈고닦아 온 수업 능력을 발휘해 저만의 독창적인 영어 온라인 수업 영상을 제작했고, 유튜브 채널에 게시

해서 많은 선생님들이 자유롭게 수업에 활용할 수 있도록 공유했어요. 제 수업 영상이 창의적이고 재미있다고 많은 선생님들 사이에 화제가 되면서 교직 사회에 제 이름이 알려지게 됐죠. 제 채널이 선생님들에게 많이 알려지게 되었고, 유튜브 운영, 온라인 수업 관련해서 강의 요청이 들어오기 시작했답니다. 출판사에서 먼저 연락이 와서 교육 도서 집필도 하게 됐고요. 그래서 저는 교사, 유튜버, 강사, 작가라는 N잡을 가진 사람이 될 수 있었죠.

2021년에 안타깝게도 건강 문제가 생기는 바람에 갑작스럽게 교직을 떠나게 되었어요. 건강을 회복하는 시간을 가진 이후 현재는 유튜버 및 강사 생활을 하며 제2의 인생을 살아가고 있답니다. 비록 학교를 떠났지만 어린 학생들과 소통하는 것에 큰 재미와 보람을 느껴서 요즘 제 채널에는 학생들이 쉽게 공감할 수 있는 학교 일상을 주제로 영상을 만들어서 올리고 있어요.

편 선생님의 채널에 들어가서 놀랐습니다. 현직 선생님, 예비 선생님, 그리고 학생들의 천국이더라고요. 선생님의 콘텐츠들을 보면서 교육과 학교가 즐거운 놀이터가 되는 색다른 경험을 하게 되었죠. 선생님들과 학생들의 마음을 사로잡은 비결이 있나요?

김 이 책에서 여러 번 언급할 텐데, 제가 유튜브 운영을 해오면서 발견한 진리가 있어요. 유튜브나 소셜 미디어에서 사람들의 마음을 사로잡기 위해서는 세 가지 요소를 항상 기억해야 해요. 그 세 가지 요소는 바로 '재미, 공감, 정보'입니다. 그 세 가지 중에 하나만 제대로 잡아도 많은 사람들의 마음을 사로잡을 수 있어요. 제 채널도 이 세 가지 요소를 잘 갖췄기 때문에 많은 사람들의 관심을 빠르게 얻을 수 있었죠.

첫 번째로 '정보' 요소를 제공한 사례를 들어볼까요? 저는 교사 시험을 준비하는 후배들을 도와주고 싶은 마음으로 제 첫 공식 유튜브 영상을 찍어 올렸어요. 그 영상은 바로 임용 2차 시험과목

재미, 공감, 정보 요소를 잘 살려 큰 인기를 끈 영상들

초등교사 두 번째 사직합니다

교사 퇴직 영상 ● LIVE

초등 임용고시 2차
일반 수업 실연 - (수학)

김켈리 채널 최고 인기 영상 (일반 수업 실연) ● LIVE

인 '수업 실연' 영상이었죠. 당시 인터넷에는 2차 임용시험 관련한 제대로 된 영상 자료가 거의 없어서 교사가 되고 싶은 학생들이 어려움을 겪고 있었어요. 그 문제를 해결하는 데 도움을 주기 위해서 제가 직접 2차 임용시험 자료를 영상으로 만들어 올렸고, 시험을 준비하고 있던 많은 교대생, 사범대생들이 큰 관심을 가졌어요.

두 번째로 '재미' 요소를 제공한 사례예요. 제 채널이 처음에 임용시험 자료로 몇 천 명의 구독자를 얻으며 성장한 이후, 한 번 더 큰 도약을 할 수 있었던 계기는 바로 '교실 브이로그' 영상이었어요. 제가 우리 반 아이들과 즐겁게 수업하는 모습을 영상으로 찍어 올렸고, 그 영상은 3일 만에 48만 회 조회 수를 기록할 만큼 엄청난 인기를 끌었어요. 사람들은 아이들의 순수하고 해맑은 말과 행동에 큰 재미를 느꼈죠. 그래서 단시간에 그 영상이 많은 사람들 사이에 화제가 되었습니다.

세 번째로 '공감' 요소를 잡은 사례입니다. 최근에 제 채널에서 가장 인기가 많은 콘텐츠는 학생들의 학교생활 모습을 일인 다역 연기로 표현한 짧은 상황극 영상들이에요. 이 영상들이 인기를 많이 끄는 이유는 제가 교사 시절 관찰했던 학생들의 모습을 떠올리며 학생들이 공통적으로 자주 하는 말과 행동을 흉내 내서 만들었기 때문이에요. 실제로 제 영상에 어린 학생들이 '와! 공감~', '이

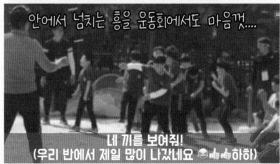

많은 사람들에게 사랑받은 교실 브이로그　● LIVE

건 진짜 맞아', '인정!'과 같은 댓글을 많이 남겼어요. 그 공감 콘텐
츠는 정말 많은 학생들이 좋아해 주어서 한 달에 구독자 수가 5~6
만 명씩 늘어날 만큼 제 채널이 폭발적으로 성장하는 계기가 되었
답니다.

🔲 김켈리 선생님은 좋은 학교를 졸업했고, 좋은 직업을 가졌기
때문에 유튜버로 성공한 건 아닐까 궁금할 수도 있을 것 같아요. 어
떻게 생각하세요?

🔲 저는 제가 교사가 아니었더라도 꾸준한 유튜브 채널 운영을
통해 제가 말한 유튜브 성공 기준인 '재미, 공감, 정보'를 깨달았다
면, 얼마든지 유튜브 채널을 성장시킬 수 있었을 거라고 생각해요.
실제로 제가 현직 교사로 일했기 때문에 학생 공감 영상들을 만들
때 더 현실감 넘치는 연기를 할 수 있었고, 학생들의 마음을 잘 읽
을 수 있었어요. 하지만 교사가 아니더라도 학생 공감 콘텐츠로 인
기를 얻고 있는 유튜버들이 아주 많아요. 왜냐하면 우리나라 대부
분의 사람들은 초등학교 의무교육을 받았기 때문이에요. 모두가
비슷한 일상을 경험했기 때문에 그때의 특징을 이야기했을 때 다
같이 공감할 수 있는 것이지요. 이처럼 직업과 관련 없이 누구나 경
험해 봤을만한 일들을 떠올리면 '공감' 요소를 잡는 콘텐츠를 만들

수 있어요.

　제 채널이 한 번 큰 점프를 하는 시기가 찾아오는데, 바로 '교실 브이로그'를 올리면서였어요. 그 영상에는 우리 반 학생들의 귀엽고 재밌는 말들이 가득 들어있어서 교대생이나 사범대생뿐만 아니라 10대부터 중년층에 이르기까지 많은 사람들의 관심을 끌었어요. 교실 브이로그 한 편을 올렸을 뿐인데 제 채널 구독자가 하루에 1만 명씩 늘었어요.

　너무 많은 관심이 부담스러워 그 영상을 3일 만에 내렸는데, 그때 구독자가 3만 명이 늘어났죠. 이 사례를 보면 다양한 연령대의 사람들이 공통적으로 즐길 수 있는 영상을 만들어 올렸을 때 훨씬 많은 사람들이 영상을 보고 즐기고, 또 채널 구독까지 이어진다는 사실을 알 수 있지요. 제가 교사가 아니었더라도 사람들에게 '재미, 공감, 정보'를 잘 전달할 수 있는 콘텐츠가 무엇일까 충분히 고민하고 더 넓은 시청자층이 즐길 수 있는 영상 주제를 택해서 채널을 운영했다면, 제 직업과 관련 없이 성공적인 유튜브 운영을 할 수 있었을 거라 생각해요.

편 유튜브를 보기만 하다가 직접 만들게 되면 어떤 변화가 일어날까요?

김 이 변화를 쉽게 이해하려면 여러분이 평소에 자주 쓰는 물건을 떠올리고, 그 물건을 내가 직접 생산하게 됐을 때의 모습을 상상해 보면 됩니다. 여러분이 자주 사용하는 스마트폰을 예로 들어볼게요. 평소에는 스마트폰을 전화하고, 카톡하고, 유튜브를 볼 때 쓰기만 했지 스마트폰이 어떻게 만들어졌는지 깊게 생각해 본 적은 없을 거예요. 만약 누군가가 스마트폰을 직접 개발하라고 한다면 어떨까요? 우리는 스마트폰을 만들려면 어떤 부품이 필요한지, 외형 디자인은 어떻게 만들 수 있는지, 앱이 돌아가려면 소프트웨어 프로그램은 어떻게 개발해야 하는지 등 스마트폰에 담긴 수많은 부분에 신경을 쓰게 될 거예요. 그리고 그 개발 과정을 경험하고 나면 다른 스마트폰을 볼 때도 이 폰은 어떻게 만들어진 건지 궁금증이 생기고 관심이 가겠지요? 단순히 영상 소비자로서 살았을 때는 재밌는 영상들을 보는 동안 내 뇌가 편안히 쉬고 있는 기분이 들겠지만, 생산자가 된 후에는 다른 사람들이 만든 영상 하나하나가 나에게 큰 영감을 주며, 이후 내 영상을 제작할 때 많은 영향을 미치게 되죠.

📝 선생님은 학교에서 학생들을 가르치셨고, 지금은 유명한 유튜버로 활동하고 계세요. 청소년들이 어떤 마음으로 이 책의 한 장 한 장을 넘기면 좋을까요? 그들이 어떤 미래를 맞이하기를 바라시나요?

🗝 유튜브는 남녀노소 누구나 어떤 조건도 없이 마음껏 도전할 수 있는 자유의 공간이에요. 이곳을 잘 활용하면 나라는 사람을 세상에 알릴 수 있고, 나와 관심사가 비슷한 좋은 사람들도 더 많이 만날 수 있어요. 보통 유튜버를 꿈꾸는 학생들은 자신이 좋아하는 대형 채널의 인기 유튜버들을 보고 이 사람처럼 성공하고 싶다고 생각하면서 유튜브를 시작하는 경우가 많을 거예요. 그래서 막상 유튜브를 시작했는데 시간이 지나도 구독자 수나 조회 수가 많이 오르지 않아 금방 흥미를 잃고 유튜브 활동을 포기하는 경우가 많죠.

여러분, 미국에 〈미스터비스트Mr.Beast〉라는 채널을 운영하는 지미 도날슨이라는 유튜버가 있어요. 그 사람의 채널은 현재 9,520만 명의 사람들이 구독하고 있어요. 그런데 이 사람이 처음부터 성공한 유튜버가 된 건 아니었어요. 열다섯 살의 어린 나이에 유튜브 활동을 시작하는데 처음에는 여러 시행착오를 겪었어요. 게임 영상을 주로 다뤘는데 처음에는 조회 수도 별로 나오지 않고 인기가 낮았죠. 하지만 새로운 채널을 개설하기도 하고, 계속해서 사람

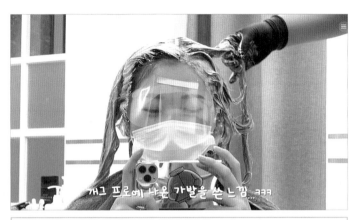

다양한 영상 제작 (일상 브이로그 - 염색하는 모습)　　　● LIVE

다양한 영상 제작 (직업 체험)　　　● LIVE

들의 관심을 끌 수 있을 만한 새로운 콘텐츠 개발에 도전하면서 점차 인기를 끌게 되었어요. 지미 도날슨은 이렇게 성공하기까지 영상을 계속해서 만들어보고 사람들의 반응을 살피면서 스스로 많은 고민과 연구를 했을 거예요. 첫 번째 채널의 실패에서 그냥 포기했다면 결코 지금의 지미가 될 수 없었겠죠.

여러분, 처음부터 성공하지 않아도 돼요. 다른 사람들의 콘텐츠와 내 콘텐츠를 비교해 보고, 내 콘텐츠 중에 어떤 것이 가장 반응이 좋았는지, 왜 반응이 좋았는지 연구하면서 더 좋은 콘텐츠를 만들기 위해 노력하다 보면 여러분 스스로 어떻게 채널을 운영해야 잘될 수 있을지 깨달음을 얻게 될 거예요. 영상을 기획하는 과정에서 창의성과 표현력을 기를 수 있고, 직접 목소리를 녹음하거나 말하는 영상을 찍으면서 사람들 앞에서 전달력 있게 말하는 방법도 배울 수 있을 거고요. 그리고 사람들의 반응과 피드백을 살피면서 어떤 식으로 내 생각을 표현했을 때 더 많은 사람들의 공감과 인정을 이끌어낼 수 있을지도 자연스럽게 배우게 될 겁니다. 이러한 능력과 경험은 성장하는 과정에 큰 자산이 되겠죠. 여러분이 자라서 유튜버를 하든, 직장에서 일을 하게 되든, 스스로 사업을 운영하게 되든 내가 맡은 일을 잘 해내는 데 큰 밑거름이 될 거라 믿어요.

과거의 한국 학생들은 공부를 잘해야만 커서 성공할 수 있다고 생각했어요. 하지만 이제는 시대가 완전히 바뀌었죠. 어떤 분야가 되었든 내가 관심을 갖는 분야에서 나와 같은 관심을 가진 사람들의 호응을 이끌어낼 수 있는 콘텐츠를 만들 수 있는 사람은 그 콘텐츠로 수익을 창출할 수 있고, 그 일을 직업으로 삼을 수도 있어요. 단적인 예로 슬라임을 잘 가지고 노는 사람이 슬라임을 가지고 노는 모습을 영상으로 올려서 큰 인기를 끌고 유튜브에서 성공한 경우도 있잖아요. 이처럼 유튜브는 누구에게나 기회가 열려있답니다. 여러분도 내 관심사를 표현하고, 세상 사람들에게 나를 알리는 수단으로 유튜브를 꼭 활용해 보길 바라요. 이 책을 다 읽었을 때는 여러분이 각자의 채널을 열기 시작했으면 좋겠다는 꿈을 가져봅니다.

편 선생님, 감사합니다. 이 시대의 아이콘, 유튜브와 직업 유튜버의 세계로 들어가 보시죠. 지금부터 잡프러포즈 『WHY NOT? 유튜버』편을 시작하겠습니다.

유튜브
콘텐츠의
세계 👍

🔲 선생님, 콘텐츠란 뭘까요?

🔲 콘텐츠란 인터넷이나 컴퓨터 통신 등을 통해 제공되는 각종 정보를 말해요. 콘텐츠의 형태는 다양한데 우리가 볼 수 있는 글, 사진, 음향, 영상 등이 있어요. 요즘에는 콘텐츠를 올리는 플랫폼이나 콘텐츠의 종류도 다양해졌기 때문에 간단하게 '이런 게 콘텐츠다.'라고 한정 짓는 것은 어려울 것 같아요. 사람들과 공유할 수 있는 유형有形의 무언가는 다 콘텐츠가 될 수 있다고 생각해요. 특히 '나만의 콘텐츠'라고 하면 다른 사람의 창작물을 그대로 잘라 쓰거나 극히 일부만 재가공하는 것이 아니라, 자신이 직접 생각해 낸 아이디어와 목적을 가지고 새롭게 만든 음악, 영상, 글, 사진 등의 창작물이라고 생각해요.

🔲 지금 제일 유행하고 있는 콘텐츠는 어떤 건가요?

🔲 영상 콘텐츠가 아주 많이 유행하고 있어요. 지금 이 책을 읽고 있는 분들도 자투리 시간에 스마트폰으로 영상을 보는 분들이 많을 거예요. 식사 시간에 영상을 틀어두고 밥을 먹기도 하고요. 유튜

브 시청이 여가 문화로 완전히 자리 잡기 시작한 이후로 다양한 영상 콘텐츠 플랫폼이 생겨났어요. 현재 전 세계적으로 가장 인기가 많은 영상 플랫폼은 유튜브와 틱톡TikTok 그리고 인스타그램이에요. 최근에는 긴 영상보다 숏폼Short form이라고 불리는 1분 미만의 짧은 영상들이 인기가 많아요. 처음부터 짧은 영상을 추구했던 틱톡의 인기가 급상승하자 유튜브에서도 트렌드를 놓치지 않기 위해서 쇼츠Shorts영상을 도입했고, 인스타그램도 릴스Reels라고 하는 숏폼 영상을 올리는 공간을 마련했어요.

편 기존의 콘텐츠를 가공해서 내 걸로 만들면 그것 또한 새로운 콘텐츠라고 보시는 거죠?

김 물론이죠. 틱톡에서는 그 방식이 매우 보편화되어 있기도 해요. 대표적인 예로 현재 한국의 틱톡커 중 연예인을 제외하고 팔로워 수가 가장 많은 '원정맨'의 주 콘텐츠는 다른 사람의 콘텐츠에 자신의 리액션을 덧붙이는 방식이에요. 이 방식을 '이어찍기'라고 한답니다. 원정맨은 다른 사람이 재미있는 실험을 하는 모습을 영상으로 올리면, 그 실험을 똑같이 따라 하고 자신만의 재밌는 리액션을 보여주는 영상을 찍어 큰 인기를 끌었어요. 다른 사람의 콘텐츠를 활용하더라도 원정맨만의 매력이 충분히 느껴지는 영상을 만

유튜브 쇼츠 재생 화면

들었기 때문에 성공할 수 있었다는 생각이 들어요.

또 틱톡이나 인스타그램 릴스에서 유행하는 영상 제작법 중

하나는 다른 사람이 만든 영상의 음원만 가져와서 자신이 찍은 영

원정맨 WonJeong

@ox_zung

238	43.8M	1.2B
팔로잉	팔로워	좋아요

팔로우

🇰🇷 Korean 🇰🇷
▼ MAMAAAA ▼
SOONENT
🔽 원정맨 클래스 🔽
🔗 https://101.gg/wonjeongman
💬 Q&A

Part 2

▷ 470.1K   ▷ 494.0K

한국 1위 인기 틱톡커 원정맨

원정맨의 이어찍기 영상   ● LIVE

상을 입혀 재밌는 영상을 만드는 것이에요. 예를 들어 어떤 드라마에 웃긴 대사를 말하는 장면이 있다면, 대사의 음원만 가져와서 영상에 깔아 두고 연기는 내가 직접 하는 거예요. 대사가 음원으로 나오고 있으니 립싱크하는 방식으로 입모양만 움직이며 연기를 하는 거죠. 또 요즘에 유튜브에서 인기가 높은 채널 유형 중 하나가 영화 리뷰Review 채널이에요. 영화 줄거리를 핵심 장면 위주로 짧게 요약해서 전달하고 자신의 감상평이나 해석을 더하기도 하죠. 자신의 유머 감각을 활용해 영화 장면들을 재미있게 이어 붙이거나 효과음을 넣어 흥미 요소를 더하기도 하고요. 영화 리뷰 채널들이 커지면서 작품의 홍보 효과가 높아지다 보니, 이제는 방송사나 영화사에서 먼저 크리에이터에게 연락을 취해 광고비를 지불하고 영화, 드라마 리뷰를 부탁하는 경우가 많아졌어요. 드라마의 경우는 아예 초반 1, 2화 전체를 유튜버가 쓸 수 있도록 해주면서 홍보 효과를 노리기도 하고요. 실제로 저도 제가 좋아하는 리뷰 채널에서 드라마 리뷰 영상을 보고 그 드라마 전체를 정주행한 적도 많아서 홍보 효과가 크다는 점에 동의한답니다.

그런데 이렇게 다른 사람의 창작물을 재가공을 할 때는 저작권에 유의해야 해요. 영화나 책 리뷰어들이 저작권을 지키지 않고 콘텐츠를 만들어서 영상이나 유튜브 채널이 삭제되는 경우가 종종 있거든요. 열심히 만든 영상과 채널이 한순간에 날아가 버린다면 그것만큼 속상한 일이 없겠죠? 저작권 침해 없이 영상물을 만들기 위해서는 저작권자에게 미리 이용 허락을 받거나 저작권 보호 기간이 끝난 작품을 사용하는 것이 좋아요. 영화 제작사에 허락을 받을 수 없는 상황이라면 회사가 공식적으로 게재한 예고편이나 홍보 영상 등을 사용하는 것이 안전하고요. 책 리뷰의 경우도 출판사에 연락해 어느 정도 분량을 활용할 수 있는지 허락을 받고 콘텐츠를 만드는 것이 저작권 침해를 피해가는 방법이랍니다. 영화나 책 리뷰를 할 때는 줄거리와 결말을 다 알려줘서 스포일러 영상을 만드는 것이 아니라 주요 작품 스토리에 자신만의 새로운 해석이나 느낌, 감상평 등을 담아 만드는 것이 좋아요. 이렇게 새로운 의미나 메시지 전달이 이루어지는 콘텐츠를 만들면 저작권법 제35조 2항의 '공정 이용'에 해당되어 저작권 위반 문제를 피해 갈 수 있어요.

유튜브 플랫폼은 어떤 장점과 단점이 있나요?

🔲 유튜브 플랫폼은 어떤 장점과 단점이 있나요?

🔲 유튜브의 가장 큰 장점은 진입장벽이 낮다는 거예요. 남녀노소 누구나 어떤 조건 없이 자유롭게 도전할 수 있는 플랫폼이죠. 그리고 이 플랫폼에서 자신의 개성과 실력을 잘 발휘하면, 많은 사람들로부터 인지도를 얻고 세상에 자신의 영향력을 발휘할 수 있다는 게 큰 이점이에요. 저도 그 수혜자 중 한 사람이라고 할 수 있고요. 제가 교직에 있을 때 유튜브로 저라는 사람을 세상에 알려두지 않았다면, 건강 문제로 학교를 나오게 된 이후에 저를 먼저 찾아주는 사람은 없었겠죠.

유튜브의 단점이라면 포기하지 않고 채널을 꾸준히 성장시키는 것이 쉽지 않다는 것이에요. 진입장벽이 낮은 만큼 유튜브 채널을 운영하는 사람이 기하급수적으로 늘어났고, 그만큼 주목받기가 쉽지 않아요. 유튜버는 많지만 구독자 수가 많은 인기 채널에 시청자가 몰리는 경향이 크죠. 그래서 새롭게 채널을 연 유튜버들은 사람들이 좋아할 만한 개성이 뚜렷한 영상을 만들지 않으면 오랜 기간 주목받지 못할 수 있어요. 제 주변에도 유튜브를 1년 가까이 운영했지만 만족할 만한 성과가 나지 않아서 포기한 사람들이 여럿 있어요. 그래서 자신만의 독특한 아이디어를 살려 영상을 제작하고, 사람들을 주목시킬 수 있는 섬네일과 제목을 만드는 것이 매우 중요해요.

또 유튜브를 직접 운영해 보신 분들은 대체로 공감할 텐데, 채널을 성장시킬 때 가장 어려운 점은 유튜브 알고리즘의 선택을 받아야 된다는 거예요. 많은 사람들에게 추천 동영상으로 뜨지 않으면 아무리 질 높은 콘텐츠를 만들어도 잘 알려지지 않을 수 있어요. 주변의 유명 크리에이터들이나 방송 제작 전문가들과 이야기를 해봐도 유튜브 알고리즘은 내 마음대로 할 수 있는 부분이 아니라서 어려운 영역인 것 같아요.

그리고 어린 학생들이 유튜버가 됐을 때 큰 단점이 하나 있어요. 바로 유튜브 아동 보호 정책이에요. 유튜브는 악성 댓글이나 유해한 정보들로부터 아동을 보호하기 위해서 자체적으로 보호 정책을 실시하고 있어요. 아동이 혼자서 주요 인물로 영상에 등장하거나 영상의 주 타깃층이 어린아이들임이 확실하다고 판단될 때, 유튜브는 자동으로 그 영상을 아동 전용 영상으로 설정해요. 아동 전용 영상으로 설정되면 댓글 사용과 채팅 등 많은 기능이 차단돼요. 학생 유튜버들이 구독자들과 소통을 할 수 있는 방법이 사라지게 되죠. 어린 학생들을 보호하기 위해 필요한 부분이지만, 채널을 적극적으로 운영하고 싶은 학생 유튜버 입장에서는 불편하다고 느낄 수 있을 것 같아요. 제 제자 한 명도 유튜브 채널을 운영하는데 자신이 나오는 영상을 올리면 댓글이 막혀서 구독자들과 이야기를 나눌 수 없다며 많이 아쉬워하더라고요.

초등학생 유튜버의 댓글 창이 금지된 모습　　● LIVE

다른 플랫폼도 이용하고 계시나요?

■ 유튜브 외에 다른 플랫폼도 이용하고 계시나요?

■ 저는 유튜브가 주요 활동 플랫폼이고 동시에 틱톡도 열심히 하고 있어요. 두 플랫폼에 같은 영상을 매일 동시에 올리고 있죠. 다만 틱톡에는 길이가 길고 가로 형식인 영상은 잘 올리지 않아요. 틱톡은 세로 형식에 짧은 영상이 더 인기를 끌거든요. 인스타그램도 활용하고 있는데, 인스타그램은 숏폼 영상을 올리더라도 인기를 끄는 영상의 감성이 유튜브나 틱톡과는 조금 다른 것 같아요. 저는 제가 직접 꾸며낸 스토리가 담긴 웃긴 상황극 영상을 주로 제작하는데요, 인스타그램은 인스타그램에서 제공하는 필터를 활용해서 찍은 '다른 사람의 영상 따라 하기, 이어찍기, 댄스 챌린지' 등의 영상이 훨씬 인기가 많아요. 그래서 인스타그램은 제 개인 일상이나 최근에 하고 있는 일들을 알리기 위한 용도로 활용하고 있어요. 인스타그램에는 영상보다는 사진 콘텐츠를 주로 업로드하고 있고, 유튜브나 틱톡 활동에 좀 더 집중하고 있어요.

편 유튜브의 사용자가 월등히 많죠?

김 현재 구글에 검색을 해봤을 때 유튜브 이용자는 26억 명이고, 틱톡 이용자는 10억 명으로 나와요. 수로 비교하면 유튜브가 훨씬 더 많지요. 그런데 유튜브는 2005년에 시작되었고 틱톡은 2016년에 시작되었기 때문에 성장 속도를 비교하면 틱톡이 월등히 높아요.

편 선생님, 틱톡에서도 인기 많으신가요?

김 현재 제 틱톡 계정은 10만 명이 조금 넘는 팔로워를 갖고 있어요. 유튜브에 올리고 있는 영상들을 틱톡에 똑같이 올리고 있는데 틱톡을 제대로 시작한 지는 2~3개월밖에 되지 않았어요. 제가 유튜브를 2018년 말에 시작했는데 2022년 4월에 10만 구독자를 달성했거든요. 틱톡은 유튜브와 비교했을 때 구독자 수를 훨씬 빠르게 늘릴 수 있는 것 같아요.

편 왜 그런 건가요?

김 제 생각에는 몇 가지 이유가 있는데, 첫째로 어린 학생들이 적극적으로 활용하는 플랫폼이어서 그런 것 같아요. 전 세계 유튜브 채널 성적을 분석해 주는 사이트(예: 녹스인플루언서)를 살펴보면, 대형 연예기획사나 연예인 채널을 제외하면 가장 규모가 큰 시장

켈리의 틱톡 계정

이 키즈 유튜브 시장이에요. 어린이나 10대 학생들에게 인기를 끌면 그 시장이나 채널은 크게 성장할 수 있는 것 같아요.

두 번째 이유는 틱톡이 추구하는 특성이 요즘 트렌드에 딱 맞기 때문이에요. 요즘 사람들은 나이를 불문하고 긴 영상을 잘 보지 못해요. 자극적인 매체들에 많이 노출되다 보니 짧은 시간에 눈길을 사로잡는 영상들에 더 많이 끌리죠. 틱톡은 운영 초반부터 세로 형식에 짧고 임팩트 있는 영상을 많이 지원했기 때문에 그런 영상을 제작하는 크리에이터들이 많아요. 짧고 재미있다 보니 한 번 보기 시작하면 유튜브 영상보다 더 자주, 쉽게 찾게 되는 것 같아요.

세 번째 이유는 전 세계 유저들이 자연스럽게 어우러질 수 있기 때문이에요. 유튜브는 스토리가 담긴 긴 영상이 많기 때문에 먹방이나 ASMR 같이 특별히 언어가 필요하지 않은 영상이 아니면 자막이 없을 때 다른 나라의 영상을 보는데 어려움이 있어요. 하지만 틱톡 영상들은 짧은 시간 안에 내용을 전달해야 하기 때문에 언어에 상관없이 많은 사람들이 공감하고 이해할 수 있는 영상을 많이 제작해요. 그래서 전 세계 사람들이 서로의 영상을 쉽게 소비하고 채널을 구독하게 돼요.

네 번째 이유는 사용이 간편하고 더 다양한 영상에 노출되기 때문이에요. 유튜브는 주로 내가 원하는 영상을 검색해서 보는 경우가 많고, 메인 화면에서 알고리즘에 의해 추천되는 일부 영상을 보게 돼요. 또 내가 구독하는 채널의 새 영상 알림이 뜨면 찾아 들어가서 영상을 보곤 하죠. 그래서 구독 버튼을 누를 때도 약간의 부

00:05 / 01:04

▶ 233.3K ↗ 174   데이…보기

재생 위치 조정이 가능한 틱톡

담감이 있어요. 정말 이 사람의 영상이 재미있어서 앞으로도 계속 알림이나 추천을 받겠다는 의지가 있을 때 구독 버튼을 누르곤 하죠. 그렇다 보니 유튜브에서는 추천받는 영상의 수가 어느 정도 한

정적이에요. 그런데 틱톡은 영상을 위로 스와이프해서 넘기면 계속 다른 영상이 추천돼서 나오기 때문에 다양한 영상에 많이 노출돼요. 또 화면 우측에 크리에이터 아이콘을 누르면 바로 팔로우를 할 수 있어서 유튜브 채널 구독보다 심리적인 부담이 적은 것 같아요. 유튜브도 같은 방식인 쇼츠 영상을 도입했지만, 여전히 주요 기능은 숏폼이 아닌 일반 영상이기 때문에 약간의 한계가 있는 것 같아요. 기능도 불편한 점이 많았고요. 예를 들어 유튜브 쇼츠는 내가 보고 있는 영상의 재생 위치를 설정할 수가 없어요. 만약 쇼츠 영상 중간에 다시 보고 싶은 장면이 있어도 영상을 다시 재생하고 기다려야 하죠. 저는 그 부분이 아주 불편했어요. 반면 틱톡은 영상에서 자신이 보고 싶은 위치를 자유자재로 선택할 수 있어요.

유튜브가 우리 생활에서 어떤 역할을 하고 있나요?

🔲 유튜브가 우리 생활에서 어떤 역할을 하고 있다고 생각하세요?

🔲 유튜브가 2005년에 시작된 이후 한국에서는 2010년부터 많은 사람들에게 보편화되기 시작한 것 같아요. 저는 유행을 빠르게 따라가는 사람은 아니에요. 많은 사람들에게 유행하고 나면 서서히 따라가는 편인데, 그런 저도 2014년쯤에는 수업 준비를 할 때 유튜브를 많이 활용했거든요. 교사로 일할 당시에 제가 가르치던 아이들에게 물어보면 숙제를 할 때도 네이버보다 유튜브에서 먼저 검색을 하더라고요. 유튜브는 많은 사람들이 지식과 정보를 검색하는 대표적인 플랫폼이 되었고, 동시에 쉬는 시간에 재미를 찾기 위해 활용하는 여가 수단으로 완전히 자리 잡은 것 같아요. 그래서 유튜브라는 플랫폼은 앞으로도 오래 유지될 거라 생각해요. 한국 내에서는 싸이월드나 여러 채팅 사이트들이 엄청난 인기를 끌었다가도 한순간에 유행이 옮겨가면서 기업이 파산하고 사라지는 모습을 종종 보아 왔어요. 하지만 유튜브는 이미 전 세계 사람들이 이용하는 거대한 플랫폼으로 성장했어요. 그래서 앞으로도 꽤 오랜 시

간 동안 변화를 거듭하며 유지될 것 같다는 예상을 합니다.

📖 선생님은 크리에이터가 아닌 소비자 입장에서 유튜브를 어떻게 이용하세요?

📖 저는 유튜브를 다양한 용도로 활용하는데 첫째, 자기계발의 용도로 활용해요. 제가 현실에서 만나기 어려운 큰 업적을 세운 유명한 사람들과 만날 수 있는 수단이에요. 유명인들의 인터뷰나 강연 영상을 보곤 하는데요, 그들이 어렸을 때부터 어떤 삶을 살아왔는지, 어려움을 겪었을 때 어떤 방식으로 헤쳐 나갔는지 많은 이야기를 들을 수 있어요. 그들의 이야기를 듣다 보면 앞으로 어떻게 살아가야 할지 깨달음을 얻을 수 있지요. 최근에는 가난한 집안에서 태어났지만 부단히 노력해서 세계적인 기업을 세운 CEO들의 영상을 봤는데, 그 영상들을 보면서 내게 주어진 조건에 불평하지 않고 언제나 긍정적으로 도전하며 살아야겠다는 생각을 했어요.

둘째, 과외 선생님의 용도로 활용해요. 무엇이든 제가 배우고 싶은 것을 배울 수 있기 때문이에요. 특히 간단한 요리 만들기, 컴퓨터 프로그램 활용법, 악기 연주처럼 책으로 봤을 때는 잘 이해되지 않았던 내용들을 유튜브 영상으로 보면 아주 쉽게 느껴져요. 덕분에 이전에는 엄두도 못 냈던 오이소박이나 나물들도 직접 만들어 봤답니다. 또 교사로 일할 당시에는 오은영 박사님이 출연한 영상을 많이 봤어요. 마음에 상처가 깊거나 행동이 거칠어 다루기 어려운 아이들을 어떻게 지도할 수 있는지 많은 지식을 얻을 수 있었어요.

셋째, 휴식 시간에 재미를 얻는 용도로 써요. 저는 집에 TV가 없어서 예능 프로를 잘 보지 못하는데요. 요즘에는 대부분의 방송 프로그램들이 재미있는 하이라이트 장면을 짧은 영상으로 편집해서 유튜브에 올려요. 그 영상을 클립 영상이라고 부르지요. 그래서 혼자 식사를 할 때는 재밌는 클립 영상들을 보거나 영화, 드라마 리뷰 채널에서 인기 있는 작품을 짧게 요약한 영상들을 보곤 해요.

유튜브 플랫폼이 어떻게 발전했는지 궁금합니다.

편 유튜브 플랫폼은 언제 시작됐고, 어떤 과정으로 발전했는지 궁금합니다.

김 유튜브는 2005년에 글로벌 기업 페이팔PayPal의 직원이었던 채드 헐리Chad Hurley, 스티브 천Steve Chen, 자베드 카림Jawed Karim 세 사람이 공동으로 창립해 출발한 플랫폼이에요. 그들은 사람들이 직접 촬영한 홈 비디오를 자유롭게 올릴 수 있는 플랫폼을 만들면 좋겠다는 아이디어로 창업을 시작했고, 유튜브는 빠른 속도로 성장했답니다. 2005년 5월 베타서비스를 시작한 후 몇 달 만에 하루 3만 명의 방문자를 끌어모았어요. 그리고 2006년 3월까지 2,500만 개 이상의 영상이 업로드되었으며, 2006년 7월에는 하루 평균 전체 비디오 조회 수가 1억 뷰에 달했다고 해요. 하지만 빠르게 성장하는 것이 운영자들에게 꼭 좋은 것만은 아니에요. 사용자가 많아질수록 엄청난 트래픽을 감당하기 위해 유튜브는 기술적으로, 재정적으로 더 발전해야만 했죠.

2006년 11월 13일 구글은 유튜브를 16억 5,000만 달러, 우리나라 돈으로 약 2조 2,000억 원에 인수합니다. 엄청난 금액의 돈이

채드 헐리 스티브 챈 자베드 하림

(출처: 위키피디아)

유튜브 창립자 ● LIVE

죠? 유튜브는 1년도 채 되지 않은 신생 기업이었지만 구글은 유튜
브의 성장 가능성을 믿고 인수 결정을 내렸어요. 구글이 유튜브를
인수한 후 2009년까지는 계속 적자를 내서 구글의 애물단지라는
평을 듣기도 했지만, 2010년을 기점으로 유튜브 수익은 흑자로 돌
아섰죠. 그 과정에는 스마트폰의 발전으로 인한 모바일 동영상의
성장이 기반이 되었어요. 그리고 구글의 꾸준한 기술 개발로 사람
들이 유튜브에 손쉽게 접근할 수 있도록 지원했기 때문이에요. 또,
유튜브는 사람들이 더 빠른 속도로 고화질의 영상을 볼 수 있도록
사용 환경을 발전시켜왔기 때문에 전 세계 사람들의 사랑을 받으
며 크게 성장할 수 있었어요.

유튜브 서비스는 어떻게 구성되어 있나요?

편 유튜브 서비스는 어떻게 구성되어 있나요? 크리에이터 입장과 사용자 입장에서 알려주세요.

김 한국 유튜브 서비스에는 영상 시청, 라이브 방송, 유튜브 게이밍, 유튜브 뮤직이 있어요. 한국 유튜브에는 아직 서비스되고 있지 않지만, 미국 유튜브에는 넷플릭스와 비슷한 기능을 하는 유튜브 TV나 아티스트를 위한 서비스도 제공한다고 해요.

유튜브 사용자들은 본인이 보고 싶은 영상을 검색하거나 추천을 받아 다양한 영상을 무료로 시청할 수 있어요. 결제 서비스를 활용해 유료로 영화를 볼 수도 있죠. 유튜버가 라이브 방송을 켜면 시청할 수 있고, 채팅에 참여할 수도 있어요. 저도 제가 좋아하는 뷰티 유튜버 '레오제이'님의 방송에 들어가 채팅을 한 적이 있는데, 레오제이님이 제 채팅을 읽어줘서 날아갈 듯 기뻤던 기억이 있답니다. 그리고 게임 방송을 좋아하는 사람들은 유튜브 게이밍 페이지(youtube.com/gaming)에서 전문 게임 방송을 실시간으로 시청할 수 있어요. 유튜브 뮤직에서는 전 세계 아티스트들의 음원 및 뮤직비디오를 이용할 수 있고요. 그리고 자신이 좋아하고 응원하는 유튜버를 지원하기 위해서 채널의 유료 회원으로 가입하거나 유튜버가 라이브 방송을 할 때 슈퍼챗 기능을 활용해 금전적 지원을 할 수 있어요. 이외에 유튜브 영상을 시청할 때 주로 활용하는 기능은 채널 구독과 영상 좋아요, 싫어요 기능 그리고 보고 싶은 영상을 보관해두는 기능이 있어요.

유튜브 크리에이터가 활용할 수 있는 서비스로는 우선 자신의 채널을 개설하여 동영상을 올릴 수 있고, 구독자들과 소통하기 위해 영상 아래 댓글 기능을 활용할 수 있으며 공지 글을 올릴 수 있는 커뮤니티 공간을 사용할 수 있어요. 크리에이터들에게는 자신의 채널과 영상을 관리하는 '유튜브 스튜디오'라는 서비스가 매우 중요해요. 유튜브 스튜디오에서는 개별 영상의 제목, 설명글, 영상 공개/비공개 여부, 댓글 허용 여부, 자막, 영상 끝에 붙는 최종 화면 등을 모두 관리할 수 있어요. 또 자신의 채널 구독자가 어떻게 변화하고 있고, 각 영상별 조회 수나 사람들의 시청 특징이 어떤지 분석해 주는 '분석' 탭이 있는데 이 분석 자료를 보면 내 채널 시청자들이 어떤 영상을 좋아하고 싫어하는지 쉽게 파악할 수 있어 채널을 성장시키는데 매우 중요한 역할을 하죠. 그리고 크리에이터는 수익 창출이 매우 중요한 부분이에요. 구독자 1,000명, 시청 시간 4,000시간이라는 조건을 달성하면 영상에 광고를 달아 광고 수익을 얻을 수 있게 돼요. 또 채널 멤버십(유료 회원)을 운영하거나 자신이 판매하고 싶은 상품, 스토어를 홍보하는 공간도 유튜브에서 제공하죠. 하지만 이런 기능은 기본적으로 광고 수익 창출이 허가된 채널에서만 가능해요. 채널 영상이 유해하거나 모든 시청자 연령에 제공할 수 없다고 판단되어 경고를 여러 번 받은 경우, 대부분의 영상이 아동용 영상이라고 판단될 경우는 제한을 받아요.

동영상 편집과 관련해서는 기본적으로 유튜브는 편집된 영상을 업로드하는 플랫폼이지 영상을 제작하는 플랫폼은 아니기 때문에 편집 기능을 많이 제공하지는 않아요. 이미 업로드한 영상을 일부 편집할 수 있는 기능을 제공하는데 기능의 종류에는 자르기, 블러 처리(영상 일부를 흐리게 처리), 음악 삽입이 있어요. 쇼츠 영상의 경우는 유튜브 앱으로 들어가면 영상을 바로 촬영한 후 영상 자르기, 속도 조절, 색감 필터, 크로마키 효과를 사용할 수 있고 유튜브에서 제공하는 다양한 음원을 사용할 수 있어요.

편 혹시 유튜브에서 배경음악도 제공하나요?

김 네. 크리에이터들이 많은 도움을 받고 있는 유튜브 서비스 중에 '오디오 보관함'이 있어요. 오디오 보관함에서 수많은 배경음악과 효과음을 다운로드할 수 있는데 모든 음원이 무료로 제공되기 때문에 영상 편집에 큰 도움이 된답니다. 다만 일부 음원은 저작자 표기를 해주어야 해서 그 부분만 유의해 주세요.

편 유해 영상을 걸러내는 필터링은 어떻게 작동하나요?

김 기본적으로 크리에이터가 영상을 업로드할 때 반드시 체크해야 하는 부분들이 있어요. 첫째, 이 영상이 아동용 동영상인지 체크해야 해요. 그리고 만 18세 이상용인지 아닌지를 체크해야 하죠. 둘째, 수익 창출을 하기 위해 광고 기능을 설정할 경우에는 '광고 적합성' 영역에 체크해야 해요. 이 영역에서 확인하는 부분은 '부적절한 언어, 성인용 콘텐츠, 폭력성, 자극성, 유해성 및 위험성, 증오성 및 경멸성, 총기 관련성, 민감한 사건 관련성(전쟁, 사망, 참사), 논란의 소지성'이 있어요. 이 모든 부분에 해당 사항이 없다고 체크해야만 광고 설정이 가능합니다.

편 유튜브는 앞으로 어떻게 변할까요?

김 시대가 빠르게 변화하고 있기 때문에 제가 미래를 예측하기에는 어려움이 있어요. 하지만 유튜브로 생계를 이어가고 있는 크리에이터로서 유튜브의 행보를 바라보았을 때, 시청자들이 다양한 방식으로 결제를 하게끔 유료 상품을 개발하고 있고 커머스 측면의 확대를 꾀하고 있는 것 같아요. 단적인 예로 유튜브 라이브와 슈퍼챗 기능이 도입되어 유튜브도 아프리카 TV나 트위치와 같이 방송 플랫폼으로서 한층 더 성장했고, 크리에이터가 슈퍼챗, 슈퍼스티커로 수익을 얻을 수 있게 됐어요. 그리고 2021년에는 시청자들이 마음에 드는 동영상에 직접 후원할 수 있는 기능인 슈퍼 땡스도 시범 운영하기 시작했어요. 유튜버가 자신의 채널에 상품을 등록하고 판매할 수 있는 스토어 기능도 생겼고요. 유튜브가 이런 결제 시스템을 계속 도입하는 이유는 크리에이터들의 수익이 유튜브 수익과 이어질 수 있기 때문이겠죠. 현재 크리에이터가 후원을 받으면 유튜브에서 30퍼센트 정도 수수료를 떼어가거든요. 결제 시스템을 다양하게 늘리면 유튜브의 매출에도 도움이 되겠죠.

켈리가 편집하는 모습 ● LIVE

콘텐츠 👍
크리에이터
유튜버의
세계

편 유튜버는 어떤 일을 하나요?

김 유튜버라는 직업은 유튜브 플랫폼에 영상을 업로드하고 그것을 통해서 수익을 창출하는 일이에요. 직업은 일을 통해 수입이 있는 것이 전제 조건이기 때문에 영상을 올리지만 수익 창출을 하지 못한다면 직업이라고 보기 어렵겠죠. 유튜버가 올릴 수 있는 영상의 주제는 매우 다양해요. 유튜브에서 차단하는 유해성이 있는 영상이 아닌 이상 어떤 주제든 자유롭게 다룰 수 있어요. 또 영상의 형태도 다양한데, 일반적으로는 카메라로 동영상을 찍고 음원이나 자막을 입혀 만드는 형태가 대표적이지만 다른 방식도 많아요. 요즘에는 만화를 그려서 애니메이션 영상을 만들어 큰 인기를 얻는 유튜버들도 많지요. 또 음악을 만드는 아티스트들은 동영상을 찍지 않더라도 앨범 커버 사진과 음원을 합쳐 음악을 영상의 형태로 제공하죠. 또 글을 영상의 형태로 만들어 올리는 작가 겸 유튜버들도 있어요.

편 수익 창출이 안 돼도 영상을 올리고, 일부러 수익 창출을 안 하는 분들도 있지 않나요?

김 네. 맞아요. 유튜브를 수익 창출 도구로 활용하지 않겠다고 마음을 먹고 수익 창출 기준에 도달해도 광고를 붙이지 않고 계속해서 무료로 영상을 제공하는 분들도 있어요. 주로 영상을 공익적인 목적으로만 활용하겠다는 분들이나 직장에서 정해진 규정 때문에 부수적인 수입 창출이 금지되어 있는 분들이 그렇게 하는 경우가 많아요. 하지만 위에서 설명했듯이 직업의 필수 조건에 수익 창출이 있기 때문에 수익 창출을 하지 않는다면 직업으로 유튜브를 하고 있다고 말하기는 어렵겠죠.

🅟 유튜브 광고는 어떻게 이루어져 있어요?

🅚 광고는 크게 PPL Product Placement, 간접광고과 브랜디드 콘텐츠 협업 Branded Contents, 다양한 문화적 요소와 브랜드 광고 콘텐츠의 결합으로 나눌 수 있어요. PPL은 단순 협찬으로 기업에서 어떤 제품을 제공하고 유튜버가 자신의 영상에 제품을 노출해 주는 거예요. 브랜디드 콘텐츠 협업은 광고주가 비용을 지불할 테니 자신의 제품을 제대로 홍보해 달라고 요청하는 것이고요.

조금 더 자세하게 설명하면, 우리는 드라마나 영화에서 PPL 광고를 쉽게 접하게 돼요. 드라마를 보다 보면 가끔 어색한 PPL을 발견할 수 있죠. 주인공들이 상황에 어울리지 않게 뜬금없이 어떤 제품을 사용하는 장면을 본 적 있지 않나요? 바로 PPL 때문에 반드시 그 제품을 노출시켜야 하는데 스토리 전개상 그 제품이 노출될 장면이 마땅히 없을 때 그런 문제가 발생하는 것이죠. 드라마나 영화 PPL은 주로 그 제품의 기업이 제작비를 지원하는 대신 해당 기업의 상품을 노출시켜 주는 것인데, 유튜브 PPL은 유튜브 영상의 제작을 지원하지 않으므로 제품을 무료로 제공받거나 광고료를 일부 받고 진행하는 것이랍니다. PPL은 브랜디드 협업에 비해 해당 제품에 대해 자세하게 설명하지 않기 때문에 광고료가 낮은 편이에요.

　브랜디드 콘텐츠 협업은 특정 제품이나 서비스에 대해 제대로 된 홍보 영상을 만드는 것이기 때문에 PPL보다 광고료 단가가 높아요. 기업이 지불하는 광고료가 높은 만큼 여러 절차를 거쳐서 영상을 제작하는데요, 우선 기업이 광고하고자 하는 상품이나 서비스의 특징을 전달받고 원하는 영상 스타일을 물어보죠. 이때 기업이 원하는 스타일이 자신의 채널 스타일과 차이가 심할 경우에는 크리에이터의 이미지에 악영향을 미칠 수 있기 때문에 광고를 포기하는 경우도 종종 생깁니다. 크리에이터는 장기적으로 활동을 해야 하기 때문에 일시적인 이익보다 자신의 이미지나 채널의 색깔을 일관되게 유지하는 것이 중요하거든요. 기업이 원하는 특징을 파악한 후에 영상 기획안 및 시나리오를 작성해서 담당자에게 보냅니다. 담당자가 내부에서 검토해서 수정, 보완 사항을 전달하면 유튜버는 그에 맞게 기획안을 고쳐서 보내요. 담당자가 기획안대로 영상 제작을 진행해도 좋다는 결정을 내리면 유튜버는 영상을 촬영하고 편집해서 전달합니다. 담당자는 영상을 확인하여 수정을 원하는 부분이 있다면 수정 요청을 하고 유튜버는 요청에 따

브랜디드 협업 콘텐츠 예시 (학습기기)　　　● LIVE

브랜디드 협업 콘텐츠 예시 (지역 홍보)　　　● LIVE

라 영상을 수정하여 확인받는 절차를 거치지요. 이때 광고주가 무리한 영상 수정을 요청하는 경우가 있는데, 이는 유튜버에게 큰 부담으로 작용하기 때문에 계약서를 작성할 때 수정 요청 횟수나 범위를 설정하는 것이 중요하답니다. 광고주가 무리한 수정 요청을 할 수 없도록 계약서를 작성하는 단계에 조치를 취하는 것이 필요해요. 예를 들어 영상 수정은 몇 회까지만 가능하다고 미리 약속하고 그것을 계약서에 기록해야 합니다. 또 기획안을 확인받는 단계에 광고주가 원하는 바를 상세히 전달하도록 사전에 이야기가 되어야 한답니다. 이것은 유튜버에게 있어 매우 중요한 기술이에요. 광고주가 영상을 최종적으로 통과시키면, 유튜버는 약속된 날짜에 자신의 채널에 광고 영상을 올립니다. 보통 광고 계약을 맺을 때 얼마 동안의 기간 동안 광고 영상을 올려둘 건지도 계약을 하기 때문에 약속된 기간 동안은 유튜버 마음대로 그 영상을 내릴 수 없어요. 계약 기간이 지나면 광고 영상을 삭제할 수 있죠. 그리고 광고하는 상품에 따라 비슷한 경쟁 업체의 상품 광고를 일정 기간 동안 찍을 수 없도록 계약 조건을 붙이는 경우도 있어요. 예를 들어 A 학습지를 홍보했는데 얼마 후에 경쟁 업체인 B 학습지를 홍보하면 A 기업이 광고 효과를 제대로 누릴 수 없기 때문이죠. 경쟁 업체 상품 광고를 찍을 수 없도록 하는 계약 사항은 보통 3개월 정도입니다.

광고가 들어오면 조회 수에 따라서
비용이 책정되나요?

편 광고가 들어오면 조회 수에 따라서 비용이 책정되나요? 아니면 조회 수와 상관없이 정해진 금액을 받는 건가요?

김 광고는 방식이 다양한데 일반적으로는 조회 수와 상관없이 처음에 계약한 광고료를 지급하는 형식이 많아요. 하지만 어떤 업체는 일부 광고료를 계약금으로 지불하고 이후 조회 수에 따라 인센티브를 주겠다고 하는 경우도 있어요. 또는 아예 계약금 없이 광고 영상 업로드 후 내가 올린 광고 링크를 타고 들어온 사람들로부터 발생한 수익의 몇 퍼센트를 제공하겠다는 경우도 있죠. 첫 번째 방식이 가장 일반적이에요.

유튜버들의 광고료가 어느 정도 되는지도 궁금한 분들이 많을 거예요. 광고료는 채널의 규모와 평균 조회 수, 크리에이터의 협상 능력에 따라 천차만별이에요. 일반적으로 채널 구독자 수가 많아 규모가 크면 광고료 협상을 할 때 유리한 편이죠. 하지만 광고주 입장에서는 많은 사람들이 광고를 봐주는 것이 가장 중요하기 때문에 채널 규모가 커도 채널의 인기가 떨어져서 광고를 진행하는 시

구독자 수가 적어도 광고가 가능함을 알려주는 노하우 영상　● LIVE

기에 평균 조회 수가 높지 않으면 광고료 협상에 불리해진답니다. 평균적으로 10만 구독자 규모의 채널이라고 할 때, PPL은 단순히 제품만 제공받거나 몇 십만 원 미만의 수준으로 금액을 받는 경우가 많아요. 브랜디드 콘텐츠는 몇백만 원 단위로 금액이 올라가고요. 또 영상의 활용 범위도 광고료에 영향을 미쳐요. 유튜버가 광고 영상을 자신의 채널에만 올리는 경우에는 기본 광고료만 받고, 만약 광고주가 그 영상을 자신의 홈페이지나 소셜 미디어 계정에도 올리고 원본 영상을 편집해서 다양한 공간에 활용하게 된다면 그 경우에는 광고료 인상을 요구할 수 있어요. 광고주가 영상을 다양하게 활용하는 형태를 2차 활용이라고 부릅니다.

그리고 크리에이터의 광고료 협상 능력도 중요해요. 협상 능력이 부족하다면 채널 규모가 더 작은 크리에이터보다도 돈을 적게 받고 일을 하게 될 수도 있죠. 제가 교직을 떠나 전업 유튜버로 처음 활동을 시작했을 때 광고 단가를 잘 몰라서 아주 적은 금액을 받고 광고 영상을 찍은 적이 있어요. 그런데 영상 업계에 종사하는 주변 분들의 이야기를 들어보니, 유튜버가 낮은 단가로 계약을 한두 번 맺다 보면 소문이 나서 그 사람의 몸값이 그 가격으로 정해지는 경향이 있기 때문에 조심해야 한다고 하더라고요.

편 유튜브에서 채널들의 순위를 매기나요?

김 유튜브 자체에서 채널 순위를 매겨서 보여주지는 않아요. 구독자 수가 많지만 숫자가 노출되지 않도록 가려서 운영하는 채널들도 있고요. 하지만 외부에서 유튜브 채널 정보를 분석해 보여주는 사이트들이 있어요. 녹스인플루언서(kr.noxinfluencer.com), 블링(vling.net), 소셜러스(socialerus.com), 유튜브랭크(youtube-

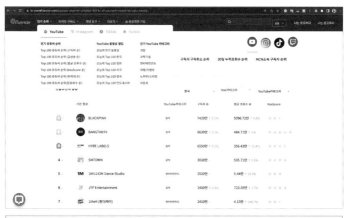

유튜브 순위를 분석해 주는 사이트 (녹스인플루언서) ● LIVE

rank.com) 외에도 더 많은 사이트들이 있는데 구글에서 '유튜브 채널 비교' 또는 '유튜브 채널 분석'과 같은 검색으로 찾으면 쉽게 찾을 수 있어요.

실버 버튼, 골드 버튼은 뭔가요?

편 실버 버튼, 골드 버튼은 뭔가요?

김 우리가 흔히 실버 버튼, 골드 버튼이라고 알고 있는 상패처럼 생긴 것을 유튜브 크리에이터 어워즈YouTube Creator Awards라고 해요. 유튜브에서 많은 인기를 얻은 채널(크리에이터)에게 주어지는 혜택이죠. 이 상품의 종류는 실버, 골드, 다이아몬드, 커스텀, 레드 순으로 등급이 올라가요. 실버 버튼은 10만 구독자, 골드는 100만, 다이아몬드는 1,000만, 커스텀은 5,000만, 레드는 1억 구독자를 달성했을 때 받을 수 있어요. 저는 개인적으로 커스텀 어워즈가 굉장히 인상 깊었어요. 정해진 디자인이 있는 것이 아니라 그 채널의 아이콘을 본떠서 제작하기 때문에 전 세계에 하나밖에 없거든요. 한국에서는 〈BLACKPINK〉와 〈핑크퐁〉 채널이 커스텀 어워즈를 획득했어요. 그리고 1억 명 구독자를 가진 채널이 있을까 싶지만 이미 달성한 채널이 있었네요. 바로 세계적인 게임 유튜버 〈PewDiePie〉, 인도 발리우드 음반 제작 회사인 〈T-Series〉, 영어 키즈 채널인 〈Cocomelon〉, 인도 방송 채널인 〈SET India〉가 그 주인공들입니다. 이렇게 보니 인도의 유튜브 이용자 비율이 상당히 높은 것 같네요. 하지만 구독자 수를 기준에 맞게 달성했다고 해서 무조건 플레이 버튼을 수여하는 것은 아니라고 해요. 실제로 구독자 수 기준을 달성하면 유튜버가 직접 유튜브 측에 플레이 버튼 신청을 해야 하는데, 그때 유튜브가 자체적으로 채널을 검토한 후에 플레이 버튼 증정 여부를 결정한다는 안내글을 볼 수 있어요. 신청이 허가되지 않을 수 있는 대표적인 예로는 자신이 스스로 제작한 콘텐츠가 아닌 타인의 저작물을 마음대로 활용한 경우나 채널 콘텐츠가 사회적으로 좋지 않은 영향을 미치는 경우가 있을 수 있어요. 자극적인 콘텐츠로 얼마든지 사람들을 끌어모을 수는 있지만 그 콘텐츠가 좋은 콘텐츠는 아닐 수 있기 때문이죠.

편 실버 버튼을 받았을 때 기분이 어떠셨어요?

김 사실 많은 사람들이 어떤 목표를 잡고 그것을 이루기 위해 노력할 때 그 과정이 기억에 많이 남지, 막상 목표를 달성했을 때는 특별한 느낌이 들지 않거나 오히려 허무한 느낌을 받았다는 말을 종종 하잖아요. 저도 실버 버튼을 받게 됐을 때 비슷한 상황이었던 것 같아요. 예전엔 내가 10만 구독자 채널을 달성하면 얼마나 좋을까 하고 상상을 하던 시기가 있었죠. 하지만 막상 채널이 빠르게 성장하고 10만 구독에 다다랐을 때는 특별한 감정의 동요가 없었어

실버 버튼을 받은 켈리

요. 실버 버튼을 직접 신청해야 한다는 사실을 몰라서 10만 구독자를 달성하고도 한참 뒤에 받았다는 유튜버들이 있었어요. 저는 그들의 글이나 영상을 보고 정보를 미리 알고 있었기 때문에 바로 신청해서 일주일 만에 실버 버튼을 받았죠. 하지만 저는 그 박스를 2주 동안 뜯어보지 않았어요. 나중에 제자들과 함께 언박싱을 하고 싶었거든요. 먼저 뜯어보고 싶다는 마음도 전혀 들지 않았죠. 이후에 제자들이 저를 축하해 주려고 케이크를 사 들고 저희 집에 방문했고, 라이브 방송에서 함께 언박싱을 한 그 순간은 아주 즐거웠어

제자들과 함께 실버 버튼 언박싱 방송　● LIVE

실버 버튼 받은 것을 축하해 주러 온 제자들　● LIVE

Job
Propose 51

요. 아이들이 실버 버튼을 실제로 보는 것이 처음이라며 신기해하고 즐거워했거든요. 방송을 마친 후에 실버 버튼과 케이크를 들고 기념사진을 찍었는데 지금도 그 사진을 볼 때면 흐뭇한 미소가 지어져요. 하지만 지금 제 실버 버튼은 마땅히 놔둘 곳이 없어서 방구석에 엎어져 있답니다. 제게는 실물 실버 버튼보다 아이들과 함께 찍은 그 사진이 더 의미가 있어요.

자신에게 맞는 콘텐츠는 어떻게 찾으면 될까요?

편 유튜버가 되고 싶은 사람들은 자신에게 맞는 콘텐츠는 어떻게 찾으면 될까요?

김 일단 자기가 제일 관심 있고 잘 살릴 수 있는 분야나 주제를 찾는 것이 중요해요. 영상을 꾸준하게 만들어야 하는데 관심이 없는 분야의 영상을 계속해서 만들어내는 것은 쉽지 않으니까요. 나에게 여러 관심사가 있다면 그중에서도 대중의 관심이 높고, 영상으로 잘 살릴 수 있는 분야를 하면 더 좋고요. 대중의 관심이 높아야 영상 조회 수가 잘 나올 확률이 높기 때문이에요. 처음에는 열정을 가득 안고 유튜브를 시작했다가도 사람들의 관심이 적으면 영상 제작에 흥미를 점점 잃게 되고, 결국에는 유튜브 운영을 포기하게 되거든요.

그리고 내가 관심이 가는 것과 내가 잘 살릴 수 있는 분야에는 차이가 있어요. 예를 들면 유튜버가 되기를 원하는 A씨가 주로 시청하고 평소에 흥미를 느끼는 영상은 자연스러운 일상을 보여주는 브이로그 영상들이에요. 하지만 A씨는 자신의 실제 일상을 보여주는 것이 부담스럽고 어색한 사람일 수 있어요. 그렇다면 A씨는 일상 브이로그 유튜버가 되기를 택하는 것보다는 시나리오를 기획해서 콘텐츠를 제작하는 쪽을 택하는 것이 더 좋을 거예요. 이처럼 자신의 성향을 고려하고 자신이 잘 발휘할 수 있는 특기나 장점을 생각해 보는 것이 콘텐츠 분야 및 주제를 선택하는데 많은 도움이 돼요.

편 영상 제작은 기본이겠네요.

김 그렇죠. 유튜버를 하려면 영상을 다룰 수 있어야 해요. 카메라로 동영상을 따로 촬영하지 않고 목소리나 음악이 주가 되는 콘텐츠를 제작하더라도 유튜브에 올리려면 그것을 영상의 형태로 만들 수 있어야 하니까요. 요즘에는 영상을 쉽게 만들 수 있는 스마트폰 앱이나 컴퓨터 프로그램도 많고, 영상 편집법을 알려주는 유튜브 채널도 많기 때문에 제작 기술을 익히는 것은 크게 어렵지 않을 거예요.

편 구독자 수를 늘리는 좋은 방법은 뭐가 있을까요?

김 유튜브 구독자 수를 올리는 것과 관련해 많은 크리에이터들이 공통적으로 이야기하는 요소들이 있어요. 첫 번째는 영상을 꾸준히 많이 업로드하는 것이에요. 좋은 영상을 만들더라도 업로드 주기가 길다면 사람들은 이 사람이 계속 활동을 하고 있지 않다고 생각할 수도 있어요. 그러면 이 사람의 콘텐츠를 기대할 확률이 낮아지겠죠. 그리고 한국인들은 외국인에 비해 성실하게 활동하는 유튜버를 선호하는 경향이 높은 것 같다는 생각이 들어요. 이 이야기는 저만의 생각이 아니라 제 주변의 크리에이터들도 동의한 적이 있어요. 제 채널만 보더라도 구독자들이 영상을 꾸준히 자주 올려서 보기 좋다, 앞으로도 계속 이렇게 활동해 달라는 댓글을 많이 달아요.

두 번째는 채널의 주제가 뚜렷해야 해요. 채널을 개설하기 전에 어떤 주제의 영상을 올리고 싶은지 주제를 선정하고, 그 주제에 맞는 영상을 일관성 있게 꾸준히 올려야 해요. 어떤 채널을 보면 다양한 주제의 영상들을 마구잡이로 올리는 경우가 있어요. 그러면 시청자 입장에서는 그 사람의 특정 영상을 보고 마음에 들더라도 앞으로 이 주제와 관련한 영상이 자주 올라오지 않을 수도 있다는 생각이 들어 '구독'은 하지 않을 확률이 높아요. 그리고 어떤 채널을 구독했더라도 내가 관심 없는 주제의 영상이 계속 올라오고 알림이 뜨면 호감이 떨어지면서 그 채널의 구독을 끊는 경우도 발생하죠.

세 번째는 영상의 질을 높이는 것이에요. 제가 이 책 초반에 유튜브 성공 요건에 '재미, 공감, 정보'가 있다고 했었지요. 이 세 가지 중 하나만 제대로 잡아도 사람들의 관심을 끌 수 있어요. 사람들에게 이 요소를 잘 전달할 수 있게끔 영상을 기획하고, 촬영이나 편집에 더 공을 들이면 사람들은 그 노력을 알아보게 되어 있어요. 사람들은 채널 영상의 질이 높고, 자신에게 도움이 된다고 판단하면 구독 버튼을 쉽게 누르게 될 거예요.

네 번째는 시청 지속 시간을 높이는 것이에요. 이 말은 사실 세 번째 방법과 깊은 연관이 있어요. 사람들은 재미있고 자신에게 도움이 되는 영상이라고 판단할 때 그 영상을 더 오래 시청하게 될 거예요. 유튜브 알고리즘은 많은 사람들이 오래 시청하는 영상을 좋은 영상이라 판단하고 다른 사람들에게 추천해요. 추천 영상에 뜨면 많은 사람들이 내 영상을 보게 되고 그러면 구독자가 늘 확률도 높아지겠죠.

내가 재미를 느끼는 게 내게 맞는 콘텐츠인가요?

편 내가 재미를 느끼는 게 내게 맞는 콘텐츠인가요? 청소년들은 아직 관심사가 좁을 수도 있는데, 그 범위 내에서라도 만들어서 올리는 게 의미가 있을까요?

김 물론이죠. 만약 청소년 유튜버가 자신과 같은 청소년들을 타깃으로 삼아 영상을 만든다면, 자신의 관심사가 또래 친구들의 관심사와 겹쳐서 통할 확률이 매우 높아요. 그러니 관심사의 범위가 넓지 않더라도 충분히 타깃층의 공감을 이끌어낼 수 있는 콘텐츠를 만들 수 있겠죠. 관심사가 좁은 것은 문제가 되지 않아요. 다만 그 관심사를 주제로 삼았을 때 꾸준히 콘텐츠를 만들어내야 하기 때문에 특정 주제와 관련해서 다양한 아이디어를 뻗어내는 능력이 필요해요. 다양한 아이디어를 만들기 위해서는 내 채널과 같은 주제를 다루고 있는 인기 채널들의 콘텐츠를 많이 보면서 아이디어 소스들을 수집해야 해요. 그리고 내 영상을 보는 사람들과 소통을 많이 하는 것도 도움이 돼요. 구독자들이 어떤 영상을 보고 싶어 하고 원하는지 직접 물어보고 소통하다 보면 새로운 아이디어를 쉽게 얻을 수 있거든요.

유튜버가 되려면 상상력, 창작 능력이
중요할 거 같아요.

편 유튜버가 되려면 상상력, 창작 능력이 중요할 거 같아요. 이런 능력이 없어도 할 수 있나요?

김 자신의 채널 주제에 따라서 필요한 상상력과 창작 능력의 정도는 차이가 날 수 있어요. 예를 들어 자신만의 독특한 개성이 드러나는 숏폼 콘텐츠를 만드는 유튜버는 상상력이나 창의성이 많이 필요할 거예요. 하지만 교육 정보를 사실 위주로 전달하는 채널을 운영한다면 상상력이 크게 필요하지는 않겠지요. 다만 똑같은 주제와 내용으로 영상을 만들더라도 어떤 제목과 섬네일로 사람들을 공략할 것인가가 매우 중요하기 때문에 이때는 창의성이 꼭 필요해요. 사람들의 시선을 사로잡을 수 있는 문구를 떠올리고 이미지를 편집해야 하니까요.

편 옛날 같으면 광고 카피라이터인 거잖아요. 그걸 지금은 일반 사람들이 다 하는 거고요. 선생님 제자들 중에도 유튜브를 하는 친구들이 있는데 보면서 어떤 생각을 하세요?

저는 학생들이 스스로 유튜브 채널을 운영하는 것을 볼 때 아주 대견하다는 생각이 들어요. 영상을 꾸준히 촬영하고 편집해서 올리는 일은 결코 쉬운 일이 아니거든요. 그리고 영상 속에서 학생들의 새로운 모습을 발견할 수 있어서 좋아요. 제가 평상시에 아이를 관찰했을 때와 다른 점들이 많이 보이더라고요. 예를 들면 평소에 말할 때 맞춤법을 많이 틀리는 친구가 있었어요. 그런데 그 친구가 영상을 만들 때는 맞춤법을 잘 지키려고 많이 노력하더라고요. 구독자들 앞에서는 공식적인 말하기를 해야 하는 상황이다 보니 맞춤법도 더 신경 쓰고 존댓말을 잘 사용하는 모습이 신기하고 좋아 보였어요. 학교에서도 친구들 앞에서 발표하는 기회가 종종 있지만, 자신의 채널 구독자라는 전혀 모르는 타인 앞에서 뭔가를 표현하는 것은 또 다른 경험인 것 같아요. 아이들이 더 진지하게 행동하는 모습을 관찰할 수 있었어요.

주목을 끄는 섬네일 예시　　　　● LIVE

주목을 끄는 섬네일 예시 ● LIVE

특별한 장비나 컴퓨터 프로그램을 사용하나요?

편 유튜버들이 사용하는 특별한 장비나 컴퓨터 프로그램이 있나요?

김 제 경우는 휴대폰으로 거의 모든 촬영을 해요. 이전에 많은 크리에이터들이 참가하는 행사에 간 적이 있는데, 반이 넘는 크리에이터들이 다 휴대폰으로 촬영을 하더라고요. 한국 사람들 사이에 아이폰 카메라가 화질이 좋다는 인식이 많이 퍼져 있는데, 당시에 관찰해 보니 아이폰이 아닌 타 회사의 휴대폰을 사용하는 크리에이터들도 많았어요. 요즘은 대부분의 휴대폰들이 좋은 카메라 성능을 가진 것 같아요. 그래서 자신의 채널 영상이 영상미가 크게 중요하지 않은 경우는 손쉽고 간편하게 촬영할 수 있는 휴대폰을 선택하는 크리에이터들이 많이 늘고 있어요. 그래도 좀 더 고화질의 영상이나 영상미를 중요하게 생각하는 분들은 캐논이나 소니에서 나온 전문 DSLR 카메라나 미러리스 카메라Mirrorless Camera를 많이 사용하고요.

편집 프로그램은 스마트폰 애플리케이션과 PC 프로그램으로 나뉘는데, 전문 유튜버로 활동하는 사람들은 대부분 PC 프로

키네마스터에서 제공하는 프로젝트 파일들

그램을 활용해요. 스마트폰 편집 애플리케이션에는 키네마스터 KineMaster, 캡컷CapCut, 블로VLLO 등이 있어요. PC용 편집 프로그램 으로 조금 가벼운 프로그램은 곰믹스, 반디컷, 뱁믹스, 파워디렉터 PowerDirector, 애플의 아이무비 등이 있고, 영상 전문가들은 다빈치 리졸브, 어도비 프리미어 프로Adobe Premiere Pro, 파이널 컷 프로Final Cut Pro를 많이 사용해요. 파이널컷 프로는 맥북에서만 이용할 수 있 고요.

켈리가 항상 사용하는 카메라 (아이폰 13 프로 맥스, 소니 a5100 미러리스 카메라) ● LIVE

켈리가 사용하는 마이크 ● LIVE

편 편집 프로그램은 다 유료인가요?

김 모두 다 유료는 아니에요. 앞에서 말한 가벼운 편집 프로그램들의 경우 무료 프로그램도 많이 있어요. 하지만 무료로 사용할 경우 워터마크가 찍히는 경우가 발생할 수 있죠. 대표적으로 파워디렉터가 그렇습니다. 하지만 저는 파워디렉터를 학생들과 주변 선생님들에게 많이 추천해요. 웬만한 고급 편집 기능을 다 활용할 수 있고, 사용법이 직관적이어서 쉽게 배울 수 있거든요. 그리고 다른 유료 편집 프로그램에 비해서 가격이 높지 않은 편이에요. 월 7,750원에 이용할 수 있고, 학교나 공공기관에서 구매할 경우 60퍼센트 할인을 받을 수 있어요.

편집자들이 많이 이용하는 프로그램 중에 다빈치 리졸브는 영상 색감을 편집하는데 특화되어 있는 프로그램이에요. 유료 버전이 있지만 무료 버전도 좋은 기능을 많이 제공하기 때문에 무료 버전을 사용하는 사람들이 많은 것 같아요. 무료 버전에도 워터마크가 찍히지 않는 것이 장점이죠. 다만 고급 프로그램이라 파워디렉터에 비해서 컴퓨터 사양이 좋아야 해요.

키네마스터 ● LIVE

키네마스터로 만든 학생 작품 예시 ● LIVE

어도비 프리미어 프로는 전문 편집자들이 활용하는 고급 편집 프로그램이에요. 애프터 이펙트라는 프로그램과 연동해서 많이 사용하죠. 애프터 이펙트는 글자나 이미지의 모션 효과를 줄 때 전문적으로 활용하는 프로그램인데, 프리미어 프로만 이용할 경우 일반 사용자는 월 24,000원에 이용할 수 있어요. 어도비에서 제공하는 여러 가지 프로그램을 자유롭게 이용할 수 있는 요금제가 월 62,000원인데 학생과 교사는 자유 이용 요금제가 60퍼센트 이상 할인되어 월 23,100원에 이용할 수 있어요. 일반 사용자가 프리미어 프로만 단독으로 이용하는 것보다도 싼 가격이니 학생들은 이 요금제를 활용하는 것이 좋겠죠.

파이널 컷 프로는 애플의 맥Mac 제품(맥북, 아이맥)에서 이용할 수 있는 고급 편집 프로그램이에요. 파이널 컷 프로는 월 구독제가 아니라 프로그램을 구입해야 하고, 금액은 369,000원이에요. 프리미어 프로나 파이널 컷 프로를 사용하고 싶은 경우에는 컴퓨터 사양이 높아야 해요. 컴퓨터나 노트북을 살 때 고급 영상 편집 프로그램이 잘 돌아가는 사양인지 전문가에게 물어보고 꼼꼼히 확인해서 구입해야겠죠.

편 김켈리 콘텐츠 중에서 제일 큰 인기를 얻었던 영상은 뭔가요?

김 현재 제 채널 동영상을 인기 순으로 줄 세워보면, 가장 높은 조회 수를 자랑하는 영상은 269만 뷰를 기록한 '임용고시 2차 수업 실연 영상'이에요. 2위는 252만 뷰를 기록한 '심심할 때 교과서로 노는 법'이라는 제목의 쇼츠 영상이고요. 쇼츠 영상은 일반적인 영상에 비해 조회 수가 많이 나오는 편이기 때문에 쇼츠를 제외하고 보면 교실 브이로그 영상들이 가장 인기가 많았어요. 1위를 차지한 '임용고시 실연 영상'은 제가 수업을 시작할 때 불렀던 〈틀려도 괜찮아〉라는 노래가 많은 사람들에게 재미와 감동을 주어서 사람들 사이에 유행을 한 적이 있어요. 여러 인터넷 포털 사이트와 카페, 인스타그램 등에 그 노래를 부르는 부분만 짧게 자른 영상이 많이 공유됐었죠. 영상을 올린 지 2년이나 지났는데 요즘도 가끔 마음이 힘들 때면 이 영상을 다시 찾아온다는 댓글이 달릴 때가 있어요. 교실 브이로그는 저희 반 아이들의 기상천외하고 순수한 말과 행동들이 많은 사람들에게 인기를 끌었어요. 어른들은 아이들의 말이 너무 귀엽고 재밌어서 많이 찾았고, 같은 또래의 아이들은 자신들과 비슷하게 말하고 행동하는 아이들의 모습에서 재미와 공감을 느꼈죠. 그것이 제 영상들의 인기 비결이었어요.

🔲 조회 수 분석 등의 통계도 확인하시나요?

🔲 내가 올린 영상이 노출되지 않고 묻히는 일을 방지하기 위해서는 유튜브 스튜디오의 '분석' 탭을 활용해서 내 구독자들의 활동 유형을 파악해야 해요. 유튜브 스튜디오에서는 내 구독자들이 어떤 성별과 연령대로 이루어져 있는지, 무슨 요일 몇 시에 영상을 주로 시청하는지, 내 채널 이외에 어떤 채널과 영상을 주로 시청하는지 등 자세한 분석 자료를 제공해요. 그 자료를 살펴보고 내 구독자가 관심을 많이 갖는 소재로 영상을 제작하고, 구독자들이 가장 활발하게 활동하는 시간에 영상을 올리면 초반 조회 수를 높이는데 많은 도움이 된답니다.

편 유튜버가 되길 잘했다고 보람을 느끼는 순간은 언제인가요?

김 제 콘텐츠가 다른 사람의 삶에 좋은 영향을 끼쳤다는 것을 알게 됐을 때 큰 기쁨과 보람을 느껴요. 예를 들면 교사 시절 임용시험 관련 콘텐츠를 올렸을 때는, 제 영상을 보고 시험에서 좋은 성적을 얻었다는 감사 댓글이 줄줄이 올라왔을 때 많이 감동했어요. 임용시험을 여러 번 쳐본 사람으로서 교대생, 사범대생의 인생에서 임용시험은 정말 중요한 일이거든요. 그런데 그 과정에 제 창작물이 큰 도움이 되었다고 하니 감동이 클 수밖에 없었죠.

그리고 제 교실 브이로그를 보고 선생님과 학생들이 즐겁게 생활하는 모습이 너무 보기 좋아서 교사의 꿈을 갖게 됐다는 어린 학생들의 댓글을 받았을 때도 기뻤어요. 제가 자신의 롤 모델이라며 수업 시간에 저에 대한 글을 썼다는 이야기도 자주 들었고요. 제가 생각했을 때 롤 모델은 김연아 선수처럼 엄청나게 멋지고 대단한 사람들이나 되는 건 줄 알았는데 저를 롤 모델로 삼았다니 부끄럽기도 하고 놀라웠죠.

<사이다 사연 드라마>
내 반지
네가 훔쳐갔지?

<구독자 사연 드라마>
키 작은 것도
서러운데!
ㅠㅠㅠ

학생들의 사연을 받아 제작한 구독자 사연 드라마 ● LIVE

최근에는 학생들이 공감할 수 있는 학교 상황극을 재밌게 찍어서 자주 올리다 보니 스트레스 받고 힘들 때 제 영상을 보면서 기운을 차린다는 어린 학생들의 댓글이 많이 달려요. 그럴 때 참 기분이 좋죠. 그리고 어린 학생 구독자들은 사랑한다는 말을 참 많이 해줘요. "켈리 언니 사랑해요~"라는 댓글을 매일 여러 개 받는데, 사실 어른들은 가까운 사람이 아닌 이상 타인에게 사랑한다는 말을 잘 쓰지 않잖아요. 그래서 아이들의 이런 댓글을 볼 때면 신기하다는 생각도 들고 순수하다는 느낌을 받아서 미소가 지어지곤 한답니다.

또 제가 최근에 만드는 영상 유형 중에 학생들의 사연을 직접 받아서 만드는 '구독자 사연 드라마' 시리즈가 있는데, 아이들이 일상 속에서 속상하고 억울했던 일들을 사연으로 많이 보내거든요. 특히 또래 친구에게 속상한 일을 당했는데 제대로 대응을 하지 못해서 마음속에 응어리가 남아있는 경우가 많아요. 그런데 자신의 사연이 영상으로 만들어졌을 때 많은 사람들이 그 학생의 마음에 공감해 주고, 나쁜 행동을 한 상대방에 대해 그 사람이 잘못한 거라고 말을 해주니까 마음속 응어리가 많이 풀리는 것 같았어요. 이처럼 사람들에게 제 영상이 좋은 영향을 준다는 것을 댓글 등을 통해 실제로 보고 듣게 됐을 때 보람을 많이 느껴요.

김켈리 채널의 큰 반응들을 예상하셨나요?

🔲 김켈리 채널에 들어가서 보니까 "선생님의 영상을 보면서 교사의 꿈을 키웠어요.", "선생님의 영상을 보고 교사가 됐어요."라는 댓글들이 많더라고요. 이런 반응들을 예상하셨나요?

🔲 아니요. 전혀 예상하지 못했어요. 제가 유튜브를 처음 시작했을 때는 이것으로 뭔가를 해보겠다는 거창한 생각은 전혀 없었어요. 2017년에는 단순하게 수업 자료를 보관하는 저장소로 유튜브를 활용했고, 2018년에 임용고시 수업 실연 영상을 만들어 올렸던 때에도 내가 임용 콘텐츠 전문 유튜버가 되겠다거나 교사 유튜버로 성공하겠다는 생각은 전혀 없었죠. 단지 제가 임용시험을 준비할 때 결심했던 것을 실천하기 위해 수업 실연 영상을 찍어 올렸던 것이었어요.

저는 경북과 서울로 두 번의 임용시험을 치르면서 시험을 준비하는 내내 심적으로 너무 힘들었어요. 그래서 내가 만약 운이 좋게 시험에 합격한다면 꼭 나와 같은 어려움을 겪는 후배를 도와주고 싶다는 생각을 했었죠. 그런데 시험을 합격하고 난 후에 대기 발령 기간이 길어서 기간제 교사로 여기저기 학교를 옮기며 일하다 보니 그때 제가 했던 결심을 잊고 살았어요. 그러다 2018년에 우연히 초등 임용 1차 시험이 끝났다는 기사를 보게 됐죠. 그때야 과거 제 결심이 생각났어요. 그래서 내가 후배들에게 해줄 수 있는 도움이 무엇이 있을까 생각하다 결정한 것이 영어 수업 실연이었어요. 제가 경북, 서울 두 번의 임용시험에서 똑같은 영어 수업 대본을 활용했는데 두 번 다 만점을 맞았거든요. 검증된 수업 실연이었기 때문에 후배들에게 보여줘도 좋겠다는 생각이 들었죠. 그리고 2018년 당시에 유튜브나 인터넷 포털 사이트 어디에도 제대로 된 수업 실연 영상을 찾기가 어려웠어요. 그때는 수업 실연 영상을 보려면 비싼 강의료를 내고 학원에 등록하거나 전년도에 합격한 선배들의 스터디 영상을 알음알음 구하는 수밖에 없었거든요. 그렇다 보니 제 영상이 시험을 준비하던 교대생, 사범대생들에게 사막의 단비 같은 존재가 되었고, 시험이 끝나고 나서 감사 댓글을 많이 받았어요.

외국과 우리나라 유튜버들의 차이가 있나요?

🔲 외국의 대형 유튜버들과 우리나라 대형 유튜버들을 비교했을 때 콘텐츠의 차이나 표현 방식의 차이가 있나요?

🔲 콘텐츠 측면에서 차이를 보면 외국의 대형 유튜버들의 경우 자금력이 엄청난 것 같아요. 그 이유는 당연히 유튜브 수익에서 큰 차이가 나기 때문인데요, 영어권 국가의 대형 유튜버들은 영어를 사용하는 많은 국가에서 시청자를 얻을 수 있기 때문에 조회 수의 단위나 구독자 수가 한국 대형 유튜버들에 비해 엄청나게 높아요. 언어의 제약이 없다는 것은 큰 장점으로 작용하죠. 그래서 한국 유튜버 중에 외국 유튜버들 못지않게 구독자 수가 많고 인기가 많은 채널은 대부분 먹방이나 ASMR 채널을 운영하고 있어요.

언어에 대한 말이 나와서 말인데, 외국과 한국 유튜버들의 영상에서 가장 큰 차이를 보이는 것 중 하나가 바로 자막이에요. 한국 사람들은 어릴 때부터 외국 영화나 드라마를 보려면 자막을 봐야 했고, 자막 문화에 익숙해서 유튜브 영상에도 자막이 있는 것을 좋아해요. (물론 대중교통에서 소리를 듣지 않고도 영상을 시청하고 싶어서 자막이 있는 영상을 선호하는 경우도 많습니다만) 반면 영

공중파 방송을 능가하는 대형 기획 영상들을 만드는 채널로 성장 ● LIVE

어권 국가의 사람들은 어릴 때부터 자막이 달린 콘텐츠를 볼 일이 많지 않아서 자막이 나오는 영화나 드라마를 선호하지 않는 모습을 많이 보여 왔죠. 봉준호 감독이 영화 〈기생충〉으로 제77회 골든글로브 시상식에서 외국어영화상을 수상했을 때 이런 수상 소감을 말했어요. "자막, 그 1인치의 장벽을 뛰어넘으면 여러분은 훨씬 더 많은 영화를 즐길 수 있습니다." 기존에 미국인들이 얼마나 자막이 있는 영화를 꺼렸는지 알 수 있는 말이었죠.

편 국내와 해외 유튜버의 차이는 언어의 한계네요.

김 그렇죠. 전 세계에서 영어를 사용하는 국가, 라틴어를 사용하는 국가의 비율과 한국어를 사용하는 비율을 비교해 봤을 때 한국어를 사용하는 비율이 훨씬 적으니까요. 한국 유튜버들은 언어의 한계를 겪을 수밖에 없어요. 우리나라 채널 중에 대형 연예기획사 채널을 제외하면 구독자 수가 가장 높은 유튜버들 몇 명이 1~2천만 명 대의 구독자를 갖고 있는데, 외국의 경우 일반 유튜버가 몇 천만 명 이상의 구독자를 갖고 있고, 구독자 수가 1억 명까지 되는 채널도 있어요.

🔲 유튜버 김켈리의 일과가 궁금합니다.

🔲 저는 현재 제 유튜브 채널을 운영할 뿐만 아니라 작가, 강사, 타 채널의 진행자로도 활동하고 있어요. 그래서 제 일과를 소개해 드리면 아래와 같아요.

오전 9~10시 사이에 기상

오후 1시까지 샤워, 아침 식사, 메이크업 후 영상 촬영

오후 4~6시까지 숏폼 영상 2~3개 편집 및 업로드

오후 7~9시 집필 또는 강연 준비

오후 9~10시 헬스장에서 운동

오후 11시~오전 2시 못다 한 작업 및 다음 날 촬영 대본 짜기

제 기존 유튜브 콘텐츠 제작 활동 외에 브렌디드 콘텐츠 제작 이나 다른 외부 활동이 적은 경우에는 오후 6~7시쯤부터 여유롭 게 시간을 보내기도 합니다. 현재는 채널을 성장시키기 위해서 주 말에도 영상을 꾸준히 올리려고 노력하고 있기 때문에 매일 바쁜

일상을 보내고 있어요. 교사 시절에도 바쁘게 일을 하긴 했지만 일을 조금 놓는다고 해서 제 생계에 특별한 변화가 생기지는 않기 때문에 큰 부담은 없었어요. 그리고 휴일에는 맘 놓고 휴식을 취할 수 있는 날이 지금보다는 훨씬 많았고요. 지금은 프리랜서로 활동하다 보니 내가 열심히 일하는 만큼 수입에 변화가 생기고 생계가 유지되는 상황이에요. 그래서 항상 긴장감을 유지하게 되죠. 휴일에도 완전히 편안하게 휴식을 취하지는 못하는 편이라 그 부분이 프리랜서의 고충이라고 말할 수 있을 것 같아요.

편 선생님께서 가장 많은 영향을 받은 유튜버는 누구인가요?

김 저는 '신사임당'님한테 영향을 많이 받았어요. 〈신사임당〉 채널이 성장하게 된 기반은 창업 다마고치라고 해서 친한 친구를 온라인 판매 전문가로 성장시키는 콘텐츠였어요. '신사임당'님이 이미 노하우가 있었기 때문에 짧은 시간 안에 친구를 성장시키는데 성공했고, 그 금쪽같은 정보를 유튜브 영상으로 다 알려주면서 많은 사람들의 인생을 바꾸어 놓았죠. 〈신사임당〉 채널이 커진 후 주요 콘텐츠는 인터뷰 영상으로 바뀌었어요. 재테크나 특정 분야에서 명성 있는 분들이 나와서 자신의 노하우를 상세하게 알려주죠. 그 영상들을 보면서 다양한 분들로부터 인생을 사는 자세나 태도에 대해 배운 점이 많아요. 그리고 '신사임당'님을 보면서 느낀 것은 유튜브 콘텐츠에서 가장 중요한 것은 역시 콘텐츠 내용과 아이디어라는 것을 알게 됐어요. '신사임당'님은 맨날 똑같은 검은색 티셔츠만 입고 나오고 유명해진 이후에도 휴대폰 하나로만 촬영을 이어가는 날들이 많았는데, 그럼에도 100만(현재 176만) 구독자 이상의 큰 채널을 만들었다는 사실이 굉장히 놀라웠어요. '신사임당'님은 영상 아이디어와 내용만 좋으면 굳이 비싼 장비가 필요 없다는 사실을 몸소 보여준 대표적인 사례죠. 그리고 이제는 늘 같은 검은 티셔츠를 입는 게 '신사임당'님의 트레이드마크가 됐어요. 예전의 스티브 잡스Steve Jobs처럼요.

그리고 제가 어린 학생들에게 재밌는 영상을 만들어 보여주고 싶은 생각이 크다 보니 키즈 유튜버들에게 관심이 많이 갔어요. 제가 종종 살펴보는데 정말 대단하다고 생각하는 키즈 유튜버 중에는 '헤이지니'님이 있어요. 그분은 처음에는 캐리소프트의 연기자로 일을 시작했죠. 뛰어난 연기력으로 많은 어린이들에게 '캐리 언니'로 큰 사랑을 받았어요. 이후 방송인이라는 자신의 꿈을 이루기 위해 회사를 퇴사하는데 '캐리 언니'가 바뀐다는 말에 수많은 어린이들이 충격에 빠져 울었다고 해요. 어른인 저도 '캐리 언니'가 그만둔다는 말에 큰 충격을 받았을 정도였으니까요. 본래 '캐리 언니'로 인지도가 매우 높았기 때문에 '헤이지니', '지니 언니'라는 새로운 캐릭터를 정체성으로 확립하기가 쉽지 않았을 텐데 그분은 해냈어요. 캐리소프트를 퇴사한 이후 남편이 키즈웍스라는 회사를 설립하고 '지니 언니'는 콘텐츠 분야 대표 이사를 맡고 있죠. 많은 직원들과 매일 다양한 콘텐츠를 깊이 고민하는 모습이 방송을 통해 방영되기도 했어요.

편 선생님이 생각하시는 유튜버 직업의 최고 매력은 뭔가요?

김 일단은 일의 주체가 나 자신이라는 게 제일 큰 매력이에요. 누가 시켜서 하는 일이 아니에요. 직장을 가면 회사의 목표, 사장의 목표, 팀의 목표에 맞춰서 일을 하잖아요. 하지만 유튜버는 자신이 만들고 싶은 영상을 스스로 기획하고 편집해서 제작하지요. 그리고 영상을 올려서 얻는 조회 수 수익을 온전히 가져갈 수 있어요. 일을 하는 데 있어 자신이 온전한 주체가 되죠. 누군가에게 의뢰를 받아서 하는 일이 아니니까요. 물론 브랜디드 협업 콘텐츠와 같이 외부 콘텐츠를 진행하게 되면 외부의 영향을 많이 받게 되기도 하지만, 그 협업을 진행하느냐 마느냐를 선택하는 주체는 나이기 때문에 일단 내 일을 내 스스로 선택한다는 점에는 변함이 없어요.

두 번째 매력은 프리랜서에 해당하기 때문에 회사 생활, 사회 생활을 하면서 얻는 스트레스가 적다는 것이에요. 유튜브 채널이 커져서 사람들을 많이 고용해서 운영한다면 상황이 달라지겠지만, 그게 아니라 현재 저처럼 모든 것을 스스로 처리하는 경우에는 다른 사람과 같이 일할 일이 별로 없어요. 그래서 인간관계에서 얻는 스트레스가 많이 줄었죠.

그리고 세 번째 매력은 부업으로 활용할 수 있다는 것이에요. 유튜브는 외부 광고를 받지 않더라도 자신의 영상이 인기만 끈다면 조회 수 수익만으로도 추가 수입을 얻을 수 있잖아요. 그러니 본업을 가진 상태에서도 누구나 유튜브에 도전할 수 있지요. 또 본업을 갖고 있는 사람이 자신의 인지도와 가치를 높이는 용도로 유튜브를 활용할 수도 있어요. 저도 교사 시절 임용시험과 교직 관련 콘텐츠, 온라인 수업 콘텐츠를 올려서 교사로서의 제 인지도와 가치가 높아진 덕분에 교육청 강의도 하게 되고, 수업 및 교육 관련 책을 집필하는 기회를 얻기도 했었죠. 요즘 유튜브를 보면 의사, 변호사부터 시작해서 트럭 운전사, 세차 전문가에 이르기까지 자신이 하는 일을 홍보하는 데 유튜브를 활용하는 사람들이 참 많아요. 유튜브에서 자신의 업무 능력이나 일을 하고 있는 일상을 영상으로 만들어 업로드하고, 많은 사람들의 관심을 얻게 되면 더 많은 일감이나 손님을 얻게 될 수 있어요.

편 이 일을 하면서 정말 힘든 순간도 많았을 것 같아요. 그만두고 싶었던 적은 없나요?

김 아직까지 그만두고 싶었던 적은 없는데 항상 마음속에 불안함이 있어요. '지금은 잘되고 있지만 언제까지 잘될까?'라는 불안함이죠. 연예인들과 비슷한 것 같아요. 일이 잘되고 있을 때는 '언제까지 사람들이 내 영상을 봐줄까?' 하는 불안감이 크고 '이다음은 무슨 영상을 찍어야 하지?'라는 고민을 해요. 그리고 조회 수가 나오지 않고 수익이 곤두박질칠 때는 절박한 마음이 들죠. '앞으로 어떻게 먹고살지?'와 같은 마음이요. 특히나 채널이 성장해서 직원들을 고용하기 시작했는데 이전과 같은 결과가 나오지 않으면 많은 유튜버들이 큰 어려움을 겪게 되는 것 같아요. 연예인은 어느 정도 인지도가 높아지면 짧은 시간에 큰돈을 벌 수 있는데, 유튜버는 크게 성공하지 않는 이상 연예인만큼은 수익을 내지 못해요. 유튜브는 경쟁자가 워낙 많고, 시청자가 쉽게 다른 유튜버로 옮겨가다 보니 채널 운영이 잘될 때의 수익이 오랫동안 지속된다는 보장이 없으니까요.

어떤 성향의 사람이 유튜버가 잘 맞을까요?

🔲 어떤 성향의 사람, 어떤 생각을 가진 사람이 이 직업에 잘 맞을까요?

🔲 사실 어떤 성향이나 생각을 가진 사람이 유튜버가 되기 좋은지 질문하셨지만, 그 질문보다는 어떤 능력을 갖춘 사람이 유튜버로 성공할 확률이 더 높냐는 질문이 답하기 쉬울 것 같아요. 왜냐면 유튜버는 외향적이든 내향적이든 어떤 성격 특성을 가졌든 상관없이 도전할 수 있는 분야이고, 생각의 경우도 다른 사람들에게 피해를 끼치는 콘텐츠만 만들지 않는다면 별로 중요하지 않은 것 같아요. 또 다른 사람들이 공감할 수 있게 기획을 해서 영상을 만들 수 있기 때문에 본인의 생각과 방향이 다르더라도 상관없죠.

앞에서 여러 번 설명했던 유튜브가 잘되기 위한 요소들을 생각하면 유튜버로 성공하기 좋은 특성 및 능력을 찾을 수 있어요. 유튜브는 꾸준하고 성실하게 콘텐츠를 업로드하는 것이 중요하니 책임감과 끈기를 가진 사람이 하는 것이 좋겠죠. 특히나 부업이 아니라 전업으로 유튜브를 하게 되면 스스로 일을 계획하고 수행해야 하니 자기 관리 능력도 필요하고요.

그리고 사람들의 반응을 이끌어내기 위해서는 '재미, 공감, 정보' 요소를 잘 잡아야 한다고 말했었죠. 재미 요소를 위주로 다룬다면 창의성이 중요하게 작용할 것이고, 공감 요소를 많이 다룬다면 다른 사람을 관찰하는 능력이 필요할 거예요. 정보 요소를 다룬다면 주요 내용을 잘 파악하고 이해하기 쉽게 요약하고 전달하는 능력이 필요하겠죠. 요소별로 필요한 능력을 나누어 설명했지만 이러한 능력들을 골고루 갖추었을 때는 어떤 주제의 영상을 다루든 유튜버로 성공할 확률이 높을 거예요.

저는 어렸을 때부터 진로 적성 검사를 받으면, 창의성이 필요한 직업이 잘 맞고 경직되고 보수적인 사회에서는 적응하기 어려울 거라는 결과를 항상 받았어요. 이 결과를 보면 저는 유튜버가 천직이고 공무원은 잘 맞지 않는 사람이라고 볼 수 있죠. 하지만 그럼에도 불구하고 초등 교사가 제 적성에 나름 잘 맞았던 이유는 초등 교사는 중학교, 고등학교 교사에 비해서 자율성과 창의성을 많이 발휘할 수 있었기 때문이에요. 다양한 과목을 가르치고, 수준이 크게 어렵지 않아서 재미있는 수업 활동을 많이 활용할 수 있고, 입시 경쟁을 신경 쓰지 않아도 됐으니까요. 그리고 담임교사를 맡으면 자신만의 교실이 주어지고, 그 교실 안에서는 다양한 활동을 자유롭게 시도해 볼 수 있는 구조라서 나름대로 적성에 맞았던 것 같아요.

유튜버를 직업 또는 부업으로 권유하시는
특별한 이유가 있나요?

편. 창의적인 재능이 있는 친구들이 이 일을 부업으로 하거나 직업으로 하면 좋겠네요. 유튜버를 직업 또는 부업으로 권유하시는 특별한 이유가 있나요?

김. 제가 앞에서 창의성이나 관찰력, 표현력 등 다양한 재능을 갖추면 유튜버로 성공하기 좋다고 말씀을 드렸지만, 재능을 떠나서 저는 모든 학생들에게 유튜브 활동을 추천하고 싶어요. 많은 사람들에게 인기를 끄는 대형 유튜버가 되지 않더라도 유튜버로 꾸준히 활동하며 자신을 알리는 활동을 하면 내 삶의 영역을 넓히는 데 큰 도움이 되기 때문이에요. 나를 알아주는 사람이 늘어나고, 내 영상과 비슷한 분야의 다양한 사람들과 만날 수 있는 기회가 생기기도 해요.

또 영상을 꾸준히 제작하고 업로드하다 보면 어떤 콘텐츠가 사람들의 관심을 끄는지 통찰력이 생기기 시작해요. 사람에 대한 이해는 어느 분야에서 일하든 매우 중요한 요소이고, 대중의 관심을 끌 수 있는 능력은 수익을 창출하는 어떤 분야에서 일을 하든 핑

장한 경쟁력으로 작용하기 때문에 유튜브 활동을 통해 그 능력을 길러나간다면 학생들의 미래에 큰 도움이 될 거예요.

저는 제 친동생이나 친한 친구들에게도 네 얼굴을 드러내지 않아도 좋으니 네가 하고 있는 일이나 관심 있는 분야의 콘텐츠를 만들어서 유튜브나 인스타그램을 운영해 보라고 많이 권해요. 주변 친구들한테 "왜 아직도 안 해?"라고 물어보면 "일하고 쉬어야지. 언제 편집해?"라는 말을 해요. 요즘에는 숏폼이 대세이기 때문에 기발한 영상 기획 아이디어만 있다면 특별한 편집 없이 짧게 영상을 찍어서 올릴 수도 있어요. 큰 수익 창출을 바라는 게 아니라면 누구나 편하게 도전할 수 있는 일이에요. 그러니 꼭 유튜버로 성공해야 한다는 부담감은 버리고 나의 성장을 위해서 유튜브를 적극적으로 활용해 보면 좋겠어요.

유튜버와 맞지 않는 사람이 있을 것 같아요.

🔲 유튜버와 맞지 않는 사람이 있을 것 같아요.

🔲 누구나 유튜브에 도전하기를 바란다고 말했지만, 책임감이 없는 사람은 맞지 않다고 생각해요. 책임감이 없다는 말엔 여러 의미가 담겨 있어요. 첫째로, 구독자들에게 계속해서 좋은 콘텐츠를 제공하겠다는 인내심과 성실함이 없다는 것을 의미해요. 둘째로, 자신의 언행을 진중하게 관리하지 않고 타인에 대한 존중이 없다는 것을 의미해요. 조회 수에 눈이 멀어 사람들의 관심을 얻기 위해서 거짓 정보를 전달하는 이슈 유튜버들이나 내용과 전혀 상관없는 제목과 섬네일로 사람들을 이끄는 유튜버들, 폭력적이고 선정적인 행동으로 사람들의 주목을 끌려는 유튜버들이 대표적인 예가 될 수 있죠. 그런 사람들 중에는 자신의 콘텐츠로 인해 큰 문제가 생겼을 때도 '나 몰라라.' 하는 경우가 많아요. 저는 그런 콘텐츠를 소비하는 사람도 문제라고 생각하고, 사회적으로도 좋지 않은 영향력을 미친다고 생각해요. 그런 무책임한 유튜버들은 실제로 오래가지 않아요. 잠깐 인기가 오를 수는 있지만, 반드시 무언가 큰 사건이 터져서 단시간 내에 수명을 다하더라고요. 저뿐만 아니라 여러

유튜버들이 처음 유튜브를 시작하는 사람들에게 꼭 조언하는 공통적인 부분이 바로 이것이에요. 공격적이고 자극적인 콘텐츠를 제작하는 것은 장기적으로 봤을 때 채널을 성장시키고 오랜 기간 운영하는데 좋지 않은 영향을 미친다는 거죠. 그런 채널은 절대 오래 갈 수 없거든요. 유튜브에서 경고를 받거나 댓글 공격을 받거나 어떤 식으로든 수익 창출이 막히고 채널이 사라질 수 있어요. 그래서 정리하면, 자기 채널을 좋아해 주는 구독자들을 위해 꾸준하고 성실하게 콘텐츠를 제작하는 책임감, 자신의 언행을 관리하고 타인을 존중하는 책임감은 유튜브를 운영하는 사람에게 반드시 필요해요. 책임감이 부족한 사람은 유튜브를 운영하기에 적합하지 않다고 생각해요.

유튜버들의 활동에 적용되는 법률이 있나요?

편 유튜버들의 활동에 적용되는 법률이 있나요?

김 유튜버들이 실제로 가장 신경을 많이 쓰는 법률은 저작권인 것 같아요. 자신의 영상 광고 수익과 직결되는 문제니까요. 예를 들어 디즈니와 같은 유명하고 큰 기업들의 자료를 동의 없이 함부로 사용하게 되면 바로 제재를 받게 돼요. 채널 경고가 여러 번 쌓이면 수익 창출을 하지 못하게 되거나 채널이 아예 삭제되기도 하고요. 저작권이 등록된 음원의 경우도 주의해야 해요. 음원은 영상보다 분석이 쉽다 보니 유튜브 영상을 업로드하는 단계에 진행되는 자동 검토 단계에서 대부분 다 걸리거든요. 음원이 걸리면 그 영상으로 발생되는 수익은 모두 음원 원작자에게 가기 때문에 수익 창출이 불가능하다고 볼 수 있죠.

유튜버들의 직업병이 있나요?

편 유튜버들의 직업병이 있나요?

김 다른 유튜버들의 상황을 정확히 아는 것은 아니지만, 제 경우를 보면 일단 목이나 허리, 눈에 무리가 많이 가고 약해져요. 장시간 앉아서 작업하고, 컴퓨터나 휴대폰 화면을 계속 보고 있어야 하니 당연한 일인 것 같아요. 저도 거북목 현상과 허리 통증이 심해져서 체형 교정 관리도 받고, 개인 운동 레슨도 받고 있어요. 외모를 가꾸는 목적이 아니라 오랫동안 건강하게 살기 위해서 시작하게 됐어요.

그리고 지속적으로 콘텐츠를 제작해야 하기 때문에 일상 속에서도 콘텐츠 소재를 계속 찾게 되는 것 같아요. 그래서 아무 생각 없이 있다가도 재미있는 상황이 벌어지면 '어? 이거 유튜브 각인데?'라고 생각하는 경우가 종종 있죠. 또 다른 사람들의 콘텐츠를 시청할 때 그 영상 뒤에 담긴 노력이나 영상 촬영 및 편집 요소들이 눈에 들어오는 것도 특징인 것 같아요. 보통 사람들은 그런 것을 그다지 생각하지 않고 그냥 이 영상이 재미있는지 없는지, 나에게 필요한 정보가 담겨있는지만 생각하며 보잖아요. 그런데 유튜버들은 본인이 직접 영상을 촬영하고 편집하다 보니 다른 유튜버들은 어떻게 하는지 궁금한 경우가 많아요. 또 노력이 많이 들어간 영상을 보면 얼마나 힘들게 만들었을지 예상이 되다 보니 보통 사람들보다 더 큰 반응을 보이며 영상을 시청하게 되죠.

편 채널을 운영하면서 받는 스트레스도 많을 것 같아요.

김 악성 댓글을 받으면 스트레스가 많이 쌓여요. 제가 요즘 어린 학생들이 좋아할 만한 콘텐츠를 많이 만들다 보니 초등학생들의 댓글을 많이 받아요. 그중에는 악성 댓글도 있죠. 최근에 스트레스를 많이 받았던 일은 제가 다른 유튜버를 따라 하고, 콘텐츠를 표절했다는 댓글들을 받았던 때예요. 학생들의 공감을 주제로 영상을 만들다 보니 다른 유튜버와 내용이 겹칠 때가 있는데, 저는 그 유튜버의 이름도 모르고 영상을 본 적도 없거든요. 그런데 아이들이 "누구 거 따라 했네."라는 댓글을 달더라고요.

　　예를 들어 최근에 포켓몬 빵이 크게 유행했어요. 저는 포켓몬 빵을 구하러 다녀본 적은 없지만 많은 학생들이 포켓몬 빵을 구하고 싶어서 편의점을 전전한다는 이야기를 들었죠. 그래서 그 상황을 가사로 만들고, 포켓몬스터 주제가 멜로디에 맞게 불러서 영상을 찍어 올렸어요. 저는 교사 시절부터 잘 알려진 동요나 만화 주제가를 개사해서 부르는 활동을 많이 했었거든요. 실제로 제 채널을 보면 '수업 송 메들리'라고 해서 동요를 개사해 각 과목별 수업 주제가를 만들어 올린 영상도 있어요. 아무튼 제가 포켓몬스터 주제가를 개사한 영상을 올렸더니 인기가 좋았어요. 그런데 어떤 학생이 댓글에 저보다 더 기발한 가사를 써서 올린 거예요. 학생이 가사를 너무 잘 지었다고 생각했는데, 알고 보니 다른 유튜버가 저보다 먼저 포켓몬스터 주제가를 개사해서 올렸는데, 그 가사를 그대로 쓴 것이더라고요. 저는 그 유튜버의 영상을 본 적이 없어서 몰랐는데 몇몇 아이들이 또 "OO 유튜버 따라 했네. 표절." 이런 댓글을 남기더라고요. 정말 억울하고 당황스러웠어요.

그리고 아이들이 푸드 콘텐츠를 좋아하잖아요. 제 제자들도 먹방 ASMR을 너무 좋아하더라고요. 그래서 아이들이 좋아하는 콘텐츠를 계속 만들 거니까 이 분야도 도전해 봐야겠다고 생각했어요. 먹방 콘텐츠를 어떤 식으로 구성할까 고민하다가 제가 계속 학생 공감 시리즈를 만들면서 학교 이야기를 주로 다루니까 급식을 주제로 해서 급식 먹방을 찍어야겠다는 생각이 들었죠. 그래서 상점에 가서 급식판도 구입을 했어요. 그리고 음식을 먹는 영상을 찍으려고 보니, 숏폼은 세로 영상 형태라 급식판을 가로 방향으로 놓으니 음식이 돋보이지 않았어요. 기존에 세로 영상으로 먹방 하는 분들 콘텐츠를 보면 많은 분들이 접시를 세로 방향으로 놓던데 그 이유가 있더라고요. 그래서 저도 급식판을 세로로 놓고 음식을 먹

표절했다는 말에 억울했던 콘텐츠 (포켓몬빵 구하기 송과 급식 콘텐츠)　　● LIVE

는 영상을 올렸더니 또 따라 했다고 댓글 창에 난리가 났어요. 저보다 먼저 급식을 콘셉트로 하는 먹방 유튜버가 있었던 거예요. 저는 몰랐는데 너무 억울하더라고요. 이런 일이 몇 번이나 있으니까 굉장히 예민해진 시기가 있었죠. 콘텐츠를 만들다 보면 주제나 콘셉트, 아이디어가 겹칠 때가 있는데, 따라 했다는 댓글을 보면 억울해서 속상하고 기분 컨트롤이 잘 안될 때가 있어요.

편 그게 겹친다고 문제가 되진 않잖아요.

김 사실 아이디어 자체에는 저작권이 없어요. 그래서 콘셉트가 비슷하다는 이유로 누군가를 표절했다고 비난할 수는 없죠. 하지만 사람들이 누군가를 비난하고 공격할 때는 그런 객관적 사실을 생각하며 이야기하지는 않잖아요. 자신이 좋아하는 유튜버의 영역을 누군가가 침해했다는 생각을 하고 격렬하게 반응하는 것 같아요.

편 유튜버의 세계를 표현한 작품이 있을까요?

김 학생들이 읽어보면 좋을 책으로 잇츠북어린이 출판사에서 나온 원유순 작가의 『세상을 바꾸는 크리에이터』라는 동화책을 추천하고 싶어요. 이 책의 주인공인 승리는 인기 유튜브 스타가 되고 싶은 초등학생 유튜버예요. 자신의 유튜브 채널을 개설하고 '별별꼼수' 시리즈로 조금씩 인기를 얻고 있었어요. 이 시리즈는 자신의 반 친구들이 생활 속에서 꼼수를 부리는 것을 찍어서 만든 영상이죠. 승리는 인기를 얻고 싶어서 친구들의 모습을 마구 찍어서 유튜브에 올렸어요. 그런데 친구들이 승리의 영상에 부담감을 느끼고 거부감을 표현하기 시작했어요. 초상권 침해를 주장하며 승리가 영상을 찍지 못하게 막기도 했죠. 친구들의 반대로 유튜브 소재가 떨어지다 보니 승리는 점점 초조해졌어요. 동생을 이용해서 꼼수 영상을 찍으려고도 했는데, 동생이 친구들로부터 따돌림을 받게 될 것 같다며 그만두겠다고 선언하죠. 유튜브 걱정으로 전전긍긍하던 승리에게 큰 사건이 발생해요.

원래 승리네 가족은 할머니와 함께 살고 있었는데, 승리는 유

추천 도서
『세상을 바꾸는 크리에이터』

튜브에만 온 신경이 쏠려있다 보니 할머니의 말벗도 되어드리지 못하고 늘 할머니에게 무신경했어요. 그런데 어느 날 할머니가 갑자기 독립을 하겠다고 하셨어요. 승리는 할머니가 집에서 떠난 후에야 할머니의 소중함을 깨닫게 되었어요. 할머니가 해주시던 간식이 얼마나 맛있었는지도 알게 됐죠. 승리는 이후 할머니를 위해 할머니의 맛있는 음식을 사람들에게 알리는 채널을 운영하겠다는 생각을 하게 돼요. 할머니는 쉽고 빠르게 간식을 만드는 전문가로 재탄생했고, 승리는 할머니와 함께 행복한 일상을 보내며 유튜브 채널도 운영하는 멋진 유튜버가 되었죠.

이 책은 학생들이 진로 선택을 할 때 꼭 고려해야 할 여러 가지 가치에 대해 생각해 보게 하는 책이에요. 요즘 많은 학생들이 인기 유튜버들의 높은 수입만 보고 유튜버를 꿈꾸는 경우가 많은데요, 자신이 하고 싶고 행복한 일을 택하는 것이 중요하고, 주변 사람들을 배려하며 함께 생활하는 삶의 중요성에 대해서도 느끼게 해주죠. 책 초반에 승리가 다른 친구들의 마음을 배려하지 않고 조회 수에 눈이 멀어 마구잡이로 영상을 찍어 올리는 부분은 자신의 이익을 위해 책임감 없는 언행을 일삼는 실제 유튜버들의 모습을 떠오르게 해요. 이 책을 읽는다면 학생들이 유튜버를 꿈꾸더라도 어떤 유튜버가 되어야 우리 사회에 좋은 영향을 끼치고, 자신도 행복할 수 있을지 깨달을 수 있을 거예요.

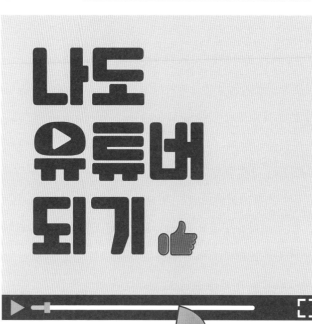

유튜버가 되려면 맨 처음 시작은 어떻게 해야 되죠?

📮 유튜버가 되려면 맨 처음 시작은 어떻게 해야 되죠?

📮 우선 구글 계정을 만들어야 해요. 그리고 유튜브 채널을 개설하기 전에 가장 먼저 해야 할 일은 채널의 주제를 잡는 거예요. 채널의 주제를 정할 때는 다양한 소재를 포함할 수 있는 넓은 범위의 주제를 잡는 것이 좋아요. 예를 들어서 '요리'를 주제로 하는 채널을 만들면 직접 요리를 할 수도 있고, 요리사를 만나서 인터뷰를 할 수도 있고, 다양한 맛집을 찾아다니며 이 음식은 어떻게 요리했을까 분석해 보고 맛있게 먹는 영상을 찍을 수도 있을 거예요. 그런데 채널 주제를 '양배추 요리'로 정한다면 주제의 범위가 훨씬 좁죠? 이러면 영상 소재가 쉽게 고갈돼서 나중에는 채널 운영에 어려움을 겪을 수도 있어요. 내 영상이 인기를 얻어서 어느 정도 채널이 성장했는데, 중간에 갑자기 주제를 바꾸면 원래 있던 구독자들이 급격히 빠져나가게 될 수도 있거든요. 그러니 처음부터 범위를 적절히 크게 잡는 것이 좋아요.

그리고 어떤 시청자층을 타깃으로 할 것인지 정하는 것도 중요해요. 내 채널 타깃이 누구냐에 따라 사용하는 말투나 섬네일 등 많은 요소가 달라지기 때문이에요. 예를 들어 어린 학생들을 타깃으로 친근한 이미지의 유튜버로 접근한다면, 반말을 사용하거나 장난스러운 말투, 행동을 보일 수도 있겠지요. 하지만 타깃으로 하는 대상이 어른들이라면, 특히나 나보다 나이가 훨씬 많은 사람들도 보기를 원한다면 예의를 갖춰 말하는 것이 좋을 거예요. 섬네일의 경우도 아이들이 좋아할 만한 디자인과 어른들이 좋아하는 디자인은 확실히 다를 테지요.

그렇게 채널의 주제와 타깃층을 설정했다면, 유튜브에서 채널을 개설하면 돼요. 유튜브에 로그인한 후 자신의 프로필 사진을 눌러 '크리에이터 스튜디오'를 클릭합니다. 그리고 '채널 만들기'를 클릭해 계정을 선택하고 채널 이름을 작성하여 쉽게 채널을 만들 수 있어요. 채널을 만들었다면, 이제 영상을 찍고 편집해서 업로드를 해야겠지요. 유튜브 채널에는 내가 정한 주제에 맞는 영상을 올려야 하니 채널에 업로드하지 않더라도 평소에 내가 관심 가는 것이 있다면 뭐든지 휴대폰으로 찍어보고 애플리케이션으로 편집을 연습해 보는 것이 좋아요. 편집은 많이 해볼수록 늘거든요. 그리고 채널 주제에 맞는 영상을 찍어 편집을 했는데 바로 올리기 망설여진다면, 주변 친구들을 직접 만나거나 카카오톡 등으로 영상을 보내서 반응을 보고 수정해서 올리는 것도 좋아요. 나는 잘 느끼지 못

구글 계정 만들기 ● LIVE

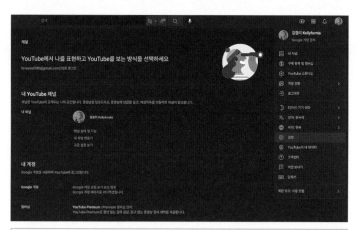

설정 창에 들어가서 채널 개설하기 ● LIVE

채널 이름 만들기

브랜드 이름 또는 다른 이름을 사용할 수 있습니다. 나 자신과 콘텐츠를 잘 표현해 주는 채널 이름을 만드는 것이 좋습니다. 채널 이름은 언제든지 변경할 수 있습니다. 자세히 알아보기

채널 이름
채널 이름 추가
0/100

☐ YouTube 검색 및 시청 기록을 포함한 자체 설정으로 새 Google 계정이 생성된다는 점을 이해합니다. 자세히 알아보기

취소   만들기

채널 이름 입력하여 새 채널 개설하기   ● LIVE

했는데 그 영상을 처음 보는 시청자 입장에서는 어느 특정 부분이 지루하다거나 배경음악이 너무 크다거나 하는 불편함을 바로 알려줄 수 있거든요. 제가 대학 시절 영상 편집 과제를 처음으로 맡았을 때, 저는 제 영상이 아주 잘 만들어졌다고 생각했어요. 그런데 제 룸메이트 언니에게 보여줬더니 영상을 몇 초 보자마자 글씨가 너무 빠르게 사라져서 제대로 읽지도 못했다고 불편함을 표현하더라고요. 언니가 아니었다면 저는 그 점을 캐치하지 못했을 거예요. 언니의 피드백을 받아 자막 속도를 조절했고, 그 영상 과제는 A+ 학점을 받았죠.

유튜버가 되면 조심해야 하는 것들이
있을 것 같아요.

📝 학생들이 유튜버가 되면 조심하고 주의해야 하는 것들이 있을
것 같아요.

🧑 영상은 한 번 공유되면 기록으로 남는다는 사실을 기억하면서
업로드를 하기 전에 항상 여러 번 검토하는 것이 좋아요. '내 채널
인데 삭제하면 되는 거 아니야?'라고 생각할 수 있는데 채널의 구
독자 수가 늘어나게 되면 그만큼 팬층이 많이 두터워져요. 팬들은
그 사람의 영상을 따로 저장해두거나 영상의 특정 장면을 캡처해
서 보관하는 경우도 많죠. 그러니 영상 속에는 문제가 될만한 언행
이 절대 담기지 않도록 유의해야 해요.

우리나라는 유명인들의 인성 논란이 일어 사람들에게 큰 비난
을 받고 활동하는데 문제가 생기는 사례를 쉽게 볼 수 있죠. 그러니
평소 언행에 더 조심해야 해요. 인기 유튜버가 되면 연예인처럼 알
아보는 사람들도 생기고, 과거 내가 유명하지 않을 때 누군가를 만
났다 하더라도 이후에 유명해지면 과거의 나의 좋지 않았던 모습
을 끄집어내 공격하는 사람들도 등장할 수 있어요. 실제로 학창 시

절에 친구를 괴롭히거나 따돌렸던 연예인이나 유튜버들이 성공한 이후에 학교 폭력 논란이 일어 재기할 수 없을 만큼 몰락하는 경우도 종종 있었잖아요. 그러니 이 글을 읽는 학생들도 항상 자신의 언행에 책임감을 가지고 행동하고, 혹시나 실수로 타인에게 잘못을 저질렀다면 그때그때 제대로 사과하고 문제를 확실히 해결하는 노력이 필요해요. 또 일상 속에서 공중도덕을 잘 지켜야 하는 것은 더 설명하지 않아도 잘 이해하겠죠?

수줍음이 많은 사람은 유튜버가 안 맞을까요?

편 수줍음이 많은 사람은 유튜버가 안 맞을까요?

김 앞에서도 언급했듯이 요즘에는 얼굴이나 목소리가 노출되지 않음에도 수많은 구독자를 보유한 채널들이 많아요. 먹방이나 ASMR 채널처럼 얼굴을 보여주지 않거나 극히 일부만 보여주더라도 콘텐츠 제작이 가능한 주제들이 있죠. 그런 주제들은 유튜버가 굳이 말을 하지 않아도 시청자들이 영상에서 충분히 흥미를 느낄 수 있기 때문에 유튜버의 외적인 부분을 전혀 노출하지 않아도 돼요. 그러니 수줍음이 많아도 유튜버가 되는 데 한계는 없습니다.

편 다양한 콘텐츠를 개발하기 위해 어떤 노력이 필요한가요?

김 채널의 주제를 정했다면, 처음에는 그 주제를 이미 잘 다루고 있는 인기 유튜버들의 영상을 많이 봐두는 것도 좋은 방법이에요. 그들의 영상을 보면서 어떤 소재를 어떤 스토리로 풀어냈는지, 어떤 장비를 활용해 어떤 구도로 촬영을 했는지, 편집은 어떤 방식으로 했는지, 어떤 음악과 효과음을 사용했는지 등 영상 내 다양한 요소들을 유심히 관찰하면 내 영상을 제작할 때 많은 도움이 될 거예요. 원래 창의적인 생각은 기존의 다양한 아이디어를 많이 수집해야 더 쉽게 나오거든요.

영상 제작 연습 단계에는 인기 유튜버의 영상을 따라 해보는 것도 도움이 많이 될 거예요. 비슷한 구도로 촬영해 보고 편집도 비슷한 스타일로 해보면서 그 전문가의 제작 스타일 중 장점을 골라서 습득할 수 있어요. 따라찍기한 영상의 경우 연습으로만 남기기 아쉽다면, 누구의 영상에서 영감을 받아서 따라 찍었는지 영상 속이나 영상을 업로드할 때 작성하는 설명글에 제대로 써 주면 돼요. 틱톡에서는 이어찍기, 따라찍기가 많이 유행하는데, 영상에 보면 아이디어나 영감을 얻은 크리에이터의 이름을 설명글에 확실하게 표기해요. 이어찍기나 따라찍기 방식을 택할 경우 처음부터 당당하고 솔직하게 "이 유튜버, 틱톡커의 영상이 너무 재밌어서 따라 해보았다"와 같은 글을 남길 수도 있어요. 그러면 사람들이 비난하지 않고, 내 영상을 좋아해 주고 응원해 주기도 해요. 하지만 다른 크리에이터의 방식을 따라 해놓고 원래부터 내 것인척하면 문제가 생길 수 있어요. 법적인 문제는 특별히 없더라도 수많은 사람의 비난을 받을 수 있죠.

📧 선생님은 주로 어떤 유튜브를 보세요?

김 저는 유튜브를 몇 년 간 운영해 왔기 때문에 평소에 다른 유튜브를 많이 참고하는 편은 아니에요. 하지만 학생들이 공감할 만한 콘텐츠를 만들고 있기 때문에 학생들의 트렌드를 놓치지 않는 것이 중요해졌어요. 현재는 학생들을 학교에서 직접 가르치지 않으니 간접적으로나마 학생들에게 유행하는 것들이나 트렌드를 파악하기 위해서 가끔 유튜브 영상들을 살펴보기도 해요. '요즘에는 학생들에게 뭐가 인기가 많지?', '여가 시간에는 학생들이 무엇을 하고 놀고, 무슨 얘기를 주로 할까?' 이런 궁금증의 해답을 찾기 위해서 여러 영상을 살펴본답니다. 궁금증이 잘 해결되지 않으면 평소

연락하고 지내는 제자들에게 물어보거나 제 채널 구독자들에게 커뮤니티 글을 활용해 직접 물어보기도 해요.

편 유튜브에서 영감을 얻으시는 건가요?

김 유튜브와 틱톡 영상들을 골고루 살펴봐요. 최근에는 제가 숏폼 영상을 많이 만들다 보니 틱톡 영상도 종종 보며 다른 인기 틱톡 커들은 어떤 방식으로 영상을 찍는지 참고해요. 소재나 스토리 구성면도 살피고, 촬영 기법이 독특하고 매력적인 경우는 어떤 식으로 촬영했는지 생각해 보고 그 방법을 배워보려고 노력하기도 하고요. 요즘은 유튜브에 사진, 영상 전문가들이 촬영 기법을 꼼꼼하게 잘 알려주는 영상들이 많아요. 시간 여유가 있을 때 그런 영상들을 몇 개 봐두면 완벽히 습득하지는 못하더라도 실력을 높이는 데 도움을 받을 수 있죠. 반면 정규 TV 방송에서 촬영한 예능 영상들이 제게는 여가용 영상이에요. 방송사에서 전문 스태프들이 연예인과 함께 만드는 프로그램들은 우리가 쉽게 따라 할 수 없잖아요. 그래서 방송 영상을 볼 때는 특별히 촬영 기법에 대해 살피기보다는 필요한 정보를 얻거나 온전히 흥미, 여가 수단으로 편하게 봐요. 제가 좋아하는 방송 프로그램으로는 〈유 퀴즈 온 더 블록〉, 〈금쪽 상담소〉 등이 있어요.

댓글은 어떻게 관리하세요?

편 댓글은 어떻게 관리하세요?

김 댓글은 유튜버의 성향에 따라 관리하는 방식에 많은 차이가 있는 것 같아요. 댓글을 잘 읽지 않고 악성 댓글이 달려도 무시하고 가만히 놔두는 분들이 있어요. 또는 악성 댓글 또한 자신의 채널에 관심을 보여주는 것이기 때문에 오히려 좋다고 생각하고 역으로 그 댓글을 이용할 줄 알아야 한다고 하는 유튜버도 만난 적이 있어요. 저는 그분들과는 다르게 댓글을 꽤 열심히 읽고, 악성 댓글은 제거하며 댓글 창을 건전하게 유지하려고 노력하는 편이에요.

저는 댓글 창이 깨진 유리창 효과가 쉽게 나타나는 곳이라고 생각해요. 댓글 중에 악성 댓글이 하나라도 있으면 다른 사람들이 영향을 쉽게 받게 돼요. 특정 영상이나 유튜버에 대해 부정적인 생각을 전혀 갖지 않던 사람이 악성 댓글을 보고 나면, 자신도 모르게 그 사람이 언급한 부분에 대해 신경이 쓰이고 부정적 감정이 똑같이 일어나기도 하고요. 사람들은 다른 사람의 의견에 쉽게 영향을 받거든요. 그리고 악플이 단 하나라도 있으면 다른 사람도 악성 댓글을 다는 게 훨씬 수월해져요. 선플만 있는 깨끗한 공간에 처음으로 돌을 던지는 것은 부담이 가지만, 이미 다른 사람이 돌을 던져 놓은 곳에 하나 더 던지는 것은 큰 부담이 느껴지지 않을 수 있죠.

그리고 저는 교사 유튜버로 시작한 사람이에요. 제 채널에는 교사가 되고 싶어서 정보를 얻으러 들어온 어린 학생들이 많았기 때문에 저에 대한 비난 의도가 없는 댓글이더라도 비속어나 욕을 심하게 사용하는 댓글, 다른 선생님들을 욕하고 비난하는 댓글 등은 다 삭제했어요. 다른 학생들을 유해한 댓글로부터 차단하고, 제 채널에서는 모두가 서로를 존중하는 태도를 지니기를 바랐기 때문이죠.

유튜브를 아예 못 보게 하는 부모님도 많아요.

📧 유튜버가 되고 싶은데, 어른들은 자꾸 공부해야 되고 좋은 대학 가야 된다고 얘기하잖아요. 어떻게 생각하세요? 심지어는 유튜브를 아예 못 보게 하는 부모님도 많아요.

🔴 오은영 박사님이나 다른 아동 교육 전문가들의 강의를 보면, 유아기에는 디지털 기기를 보여주지 않아야 한다고 말씀하시는 경우가 많더라고요. 그런데 7세 이후에는 부모님이 사용 시간을 통제한다는 조건 하에 여가 차원에서 조금씩 봐도 된다고 저는 생각해요. 학생들에게 또래 관계는 매우 중요해요. 같이 공감대를 형성할 수 있는 부분이 있는 것도 꽤 중요한데, 많은 학생들이 공통적으로 즐기는 부분을 아예 못하게 막으면 다른 친구들과 소통할 때 벽이 생기는 느낌을 받을 수도 있어요. 신체나 정신 건강에 해가 되지 않는 수준으로 짧은 시간 이용할 수 있게 하고, 비속어나 욕설을 사용하는 등 유해한 채널에는 접근하지 않도록 미리 교육을 잘 시켜두면 부모님들이 걱정하는 부분을 많이 해결할 수 있을 거라 생각해요.

그리고 대부분의 부모님들이 본인은 쉴 때 유튜브 영상들을 많이 보면서 아이들만 못 보게 하는 것은 아이들 입장에서 불공평하다고 생각할 수 있어요. 만약 원천 차단하고 싶다면 부모님도 아이와 똑같이 유튜브 영상에 접근하지 않아야 해요. 부모님들이 학생들의 스마트폰이나 PC 사용을 통제하는 부분은 분명히 필요해요. 아이들은 어른들에 비해 자극적인 매체에 쉽게 중독되고 사용량도 스스로 통제하기 어려우니까요. 또 인터넷 사용을 허락한다면 디지털 리터러시Literacy 교육을 실시하는 과정이 필요해요. 아이들에게 영상 속에서 발견할 수 있는 유해한 요소들에 대해 알려주고, 어떤 특징을 가진 영상들이 나에게 부정적인 영향을 미칠 수 있는지 스스로 판단할 수 있는 눈을 길러주는 것이 중요하죠. '아이들이 가르친다고 말을 듣나요?'라고 생각하실 수 있지만 어린 시절부터 반복적으로 교육을 하면 아이 스스로 유해한 콘텐츠를 볼 경우 그 행위에 대한 불편한 마음이 생기고 피하려고 해요. 제가 이전에 6학년 여학생 제자들과 뮤직비디오 촬영을 위해 학교 밖에서 만난 적이 있어요. 그때 학생들이 자투리 시간에 유튜브 영상을 보는데, 유해한 요소가 담긴 영상이 나오자 한 학생이 "우리 엄마가 이런 영상은 보면 안 된다고 하셨어." 하면서 바로 영상을 끄는 모습을 관찰할 수 있었어요. 제가 아이들의 행동을 감시하거나 통제하는 상황이 전혀 아니었는데도 아이가 너무나 자연스럽게 그 말을 하며 영상을 끄는 모습을 보고 놀라웠어요. 그 아이를 보면서 부모님의 디지털 리터러시 교육이 실제로 효과가 좋다는 것을 느낄 수 있었죠.

📮 공부만 원하는 부모님에게 아이들이 어떻게 접근하면 좋을까요?

🔑 이미 유튜브는 자신을 표현하고 홍보하는 중요한 수단이 됐어요. 많은 어른들 또한 자신이 하는 일을 다른 사람들에게 알리고, 나 자신의 가치를 높이기 위해서 유튜브 채널을 개설하고 있죠. 우리가 평소 고학력의 전문직이라 보는 의사, 변호사 같은 직업군의 사람들도 자신의 인지도와 영향력을 높이기 위해 사람을 고용해가며 유튜브 채널을 개설하고 있는 현실이에요. 유튜브뿐만 아니라 소셜 미디어를 활용해 자신을 어필하는 능력은 현시대에 직업군을 막론하고 많은 사람들에게 꼭 필요한 능력이 되고 있어요. 부모님들이 아이가 공부를 잘하길 원하는 이유는 대부분 미래에 우리 아이가 조금 더 수입이 높은 직장을 얻고, 원하는 일을 하며 행복하게 살기를 바라기 때문일 거예요. 소셜 미디어를 활용해 자신을 잘 표현하고 사람들의 반응을 이끌어낼 수 있는 능력을 갖춘다면, 우리 아이는 미래에 어떤 직업을 갖든 훨씬 더 많은 사람들에게 자신의

다양한 영상 제작 (학생들을 위한 정보 영상)　　　　　● LIVE

노력을 인정받고, 자신의 영향력을 넓힐 수 있는 사람이 될 수 있을
거예요.

　　그래서 저는 아이들에게 공부만 강조하기보다는 소셜 미디어
를 활용해 자신의 관심사를 표현해 보는 기회를 많이 주고 싶어요.
실제로 제가 영어 수업을 할 때 학생들에게 이런 역량을 길러 주기
위해 영상 제작 프로젝트를 많이 진행했어요. 어린 시절에는 소셜
미디어 활동을 생계에 보탬이 될 목적으로 할 필요도 없으니 온전
히 자신의 관심사를 재밌게 표현하는 수단으로 활용해 볼 수 있겠
죠. 조회 수나 구독자 수에 대한 부담 없이 자신의 일상을 기록하는

정도의 가벼운 마음으로 유튜브 채널을 꾸준히 운영하다 보면 아이는 스스로 많은 능력을 습득하게 될 거예요.

그런데 유튜브와 소셜 미디어를 차단하기만 한다면 아이가 자신의 가능성을 길러나갈 수 있는 중요한 길목 하나를 막아버리는 게 될 수도 있어요. 특히 유튜브는 잘 활용하면 많은 지식 정보를 무료로 얻고, 새로운 기술을 익힐 수도 있는 곳이기 때문에 순기능도 많은 매체예요. 이 매체를 아이가 올바르게 활용할 수 있는 방법을 알려주는 게 중요하지 무조건 막는 게 정답은 아닌 것 같아요. 디지털 리터러시 교육을 적극적으로 실천하고, 부모님께서 아이가 자신을 표현하는 공간으로 활용할 수 있게 도와주시면 좋을 것 같아요. 그리고 평소 아이와 함께 유튜브 영상들을 공유하다 보면 아이가 좋아하는 아이돌이나 관심 분야에 대해 더 잘 알 수 있게 돼서 부모 자식 간의 관계도 더 돈독해질 수 있을 거예요.

중고등학생들은 유튜브를 어떻게 활용하면 좋을까요?

편 이 책을 읽는 중고등학생들은 유튜브를 어떻게 활용하면 좋을까요?

김 중고등학생들에게는 실질적으로 도움이 되는 콘텐츠들이 더 많아요. 예를 들면 갓 대학 입시에 성공한 대학생 언니 오빠들이 생생한 최신 입시 정보를 알려주는 입시 채널들도 있고, 공부법이나 학창 시절 멘탈 관리에 도움이 되는 조언을 해주는 채널도 많이 있어요. 이런 채널들은 입시 문제로 고민하는 고등학생들에게 많은 도움이 될 것 같아요. 제가 〈에듀소스〉라는 교육 채널의 진행자로 일을 하면서 우리나라 교육 전문가들을 많이 만나는데요, 그분들이 공통적으로 하시는 말씀이 요즘은 유튜브에 정보가 아주 잘 정리되어 있어서 부모님들이 힘들게 입시설명회를 다니면서 돈과 시간을 쓰지 않아도 된다고 해요. 전문가가 보았을 때도 인정할 만한 좋은 교육 콘텐츠들이 이미 유튜브에 많이 있는 거죠.

그리고 학생들의 진로 탐색에도 좋은 영향을 미칠 거예요. 요즘 유튜브에는 다양한 직업군의 사람들이 자신이 그 직업을 가질 수 있었던 과정에 대해 설명해 주고, 또 실제 직장에서 어떤 일들을 하는지, 그 일을 잘하려면 어떤 능력이 필요한지를 알려주는 영상이 많아요. 그런 영상들을 보면 학생들이 좀 더 생생한 직업 관련 정보를 얻어 진로를 선택하는데 큰 도움을 받을 수 있죠.

　또 학생 때부터 유튜브 활동을 해서 유튜버로 크게 성공하는 경우도 많이 있어요. 요즘 제가 유튜브를 보면 중고등학생이 자신의 일상 브이로그를 올리는데 또래 학생들의 관심을 많이 끌어서 조회 수가 잘 나오는 인기 채널들이 많더라고요. 그 학생들은 이미 유튜브로 상당한 수익을 올리고 있을 거예요. 그리고 미래에 어떤 직업을 가지든 이미 유튜브를 잘 운영한 경력이 있으니 계속해서 유튜브를 부업으로 운영할 수 있죠. 또 어린 시절부터 자신의 채널을 꾸준히 운영해 본 경험은 미래에 구직 활동을 할 때 나만의 무기가 될 수도 있어요.

　저는 개인적으로 자신의 삶의 방향성이 명확하다면 반드시 대학에 가야 된다고 생각하지 않아요. 크게 관심이 가는 분야가 있다면 학생이라 하더라도 도전해 보세요. 학생들은 인기 채널들의 영상을 자주 보고 전문적인 영상 편집 기술이나 특별한 능력을 갖춘 사람만이 유튜브 운영을 잘 할 수 있다고 생각하기도 하는데 절대 그렇지 않아요. 요즘에는 요리를 못하는 사람이 좌충우돌하며 요리를 하나하나 배워 나가는 영상을 찍어 올려서 큰 인기를 끌기도

영포자 탈출 전문가이자
EBS 최고의 인기 영어 강사

수능 영어 공부 언제 시작하는게 좋을까?

무조건 일찍 시작한다고 좋은 건 아니다

<에듀소스> 채널 출연

● LIVE

하고, 운동에 대한 지식이 없지만 다이어트에 도전하는 과정을 찍어서 사람들의 공감과 응원을 얻으며 성장하는 유튜버들도 있어요. 그렇게 아직은 특별한 능력이 없고 미완성의 상태지만, 성장하고 도전하는 모습을 보여주는 것도 좋은 콘텐츠가 될 수 있어요. 관심 가는 분야가 확실히 있는데도 지금 자신이 완성되어 있지 않아서 못하겠다고 망설이는 학생들이 있다면 일단 도전해 봤으면 좋겠어요. 실제로 도전해 보면서 새롭게 배우는 것들이 분명 아주 많을 거예요.

초등학생이 유튜버가 되고 싶다면
어떻게 하는 게 좋을까요?

편 초등학생들은 유튜브를 어떻게 활용하는 게 좋을까요? 또 초등학생이 유튜버가 되고 싶다면 어떻게 하는 게 좋을까요?

김 초등학생 유튜버가 운영하는 큰 채널들도 많이 있어요. 그런 키즈 채널들의 특징은 대체로 공감과 재미인 것 같아요. 아이들이 주로 좋아하는 장난감을 갖고 나오고, 슬라임을 만지고, 부모님들과 상황극을 하는 내용들이 많죠. 아직 어리기 때문에 관심 분야가 그 정도인 것 같아요. 어른들처럼 무언가에 해박해서 정보를 제공할 수는 없잖아요. 오히려 어리기 때문에 그 천진난만함이 장점이 되는 것 같아요. 〈세상에 이런 일이〉 프로그램을 보면 자동차 바퀴만 보고도 차를 맞추는 아이가 나오잖아요. 그런 영상을 올리면 재미있으니까 더 화제가 되죠.

어린아이도 자신의 관심 분야를 유튜브에서 표현할 수 있어요. 학생이나 부모님이 '유튜버로 성공해서 수익을 꼭 내겠다.'는 생각을 강하게 품고 유튜브 운영을 시작하거나 지원한다면 꾸준하게 채널 운영을 해나가기 어려울 수 있어요. 현실적으로 유튜브에서 큰 관심을 끌고 많은 구독자를 모아 수익을 내는 일은 쉽지 않기 때문이죠. 큰 꿈을 가지고 시작하면 결과가 빨리 나지 않을 때 쉽게 포기하게 될 수 있어요. 좌절감을 많이 느끼게 되거든요. 하지만 순수하게 아이가 관심 있어 하는 분야의 내용을 유튜브 영상으로 만들어 본다면, 그것만으로도 큰 의미가 있다고 생각해요. 나중에 고등학교에 가서 대학 원서를 쓸 때도 어려서부터 어느 분야에 관심이 있어서 스스로 찾아보고 영상으로 만들어 유튜브에 올려본 역사가 있는 아이와 공부만 하다가 점수에 맞춰서 대학에 지원한 아이는 큰 차이가 있잖아요. 유튜브 영상을 꾸준히 올리는 것은 자신이 어느 분야에 호기심이나 관심을 가지고 꾸준히 연구하고 노력해 왔다는 증거가 될 수 있기 때문에 생생한 포트폴리오가 될 수 있어요.

한편 아이가 진심으로 특정 분야에 큰 관심을 기울이고, 재능도 엿보인다면 정말로 성공한 유튜버를 목표로 삼을 수도 있어요. 〈어썸하은〉 채널의 하은 양은 춤을 좋아하고 잘 춰서 어린이 때부터 자신의 댄스 영상을 올리는 채널을 운영했어요. 현재 〈어썸하은〉 채널의 구독자는 522만 명이나 된답니다. 그리고 유명한 기타리스트 정성하 씨도 초등학생 때 부모님께 기타를 배우고 자신의 연주 영상을 유튜브에 올리면서 유명세를 치르게 됐어요. 그들의 인

나하은(Nahaeun) - aespa(에스파)- Dreams Come True #DreamsComeTrue
#YouTubeShorts #드림챌

[Awesome Haeun]어썸하은

구독

<어썸하은>의 춤 동영상

생에서 유튜브는 자신이 좋아하는 일을 남들에게 인정받으면서 해
나가는데 큰 역할을 해주었을 거예요.

그리고 만약 유튜브 채널이 잘되지 않더라도 어떻게든 학생에
게는 많은 도움이 될 거예요. 어른이 되면 프레젠테이션 할 일도 생
기고, 자료 만들 일도 많은데 영상을 직접 만들게 되면 그 일들에

정성하 기타리스트의 어린 시절 유튜브 영상   ● LIVE

필요한 기본 기능이 자연스럽게 갖춰지거든요. 영상을 만드는 일
은 그 안에 들어갈 글도 생각해야 되고, 촬영도 할 줄 알아야 되고,
편집도 해야 되고, 어울리는 음악도 선택해야 하고 많은 일을 동시
에 해야 하는 작업이거든요. 다양한 기술과 노력이 들어가기 때문
에 미래에 어떤 일을 하게 되더라도 반드시 도움이 될 거예요.

공부에도 유튜브가 도움이 될 수 있을까요?

편 이 책을 읽는 학생들의 학과 공부에도 유튜브가 도움이 될 수 있을까요?

김 그럼요. 요즘에는 돈이 없어서 공부를 못하는 시대는 아닌 것 같아요. 적어도 초중고등학교 교과과정 공부나 입시 공부는요. 왜냐면 정말 훌륭한 선생님들이 학생들에게 도움을 주고, 자신의 영향력도 키우기 위해 유튜브에서 질 높은 무료 강의를 많이 하시거든요. 저와 친분이 있는 중고등학교 선생님 출신이자 10년 넘게 EBS 강사로 활동해 오신 〈혼공TV〉의 허준석 선생님도 아이들을 위해서 사비를 대거 투자해 영문법 강의를 몇 년 간 찍어 올리셨어요. 억지로 하는 일이 아니라 본인 스스로 열정을 갖고 하신 일이니 영상의 질도 높을 수밖에 없겠죠.

또 어린이들에게 한글이나 영어를 재미있게 가르쳐주는 키즈 교육 채널들도 많이 있어요. 전 세계에서 얼마 되지 않는 1억 구독자를 가진 채널에 들어갔던 〈Cocomelon〉 채널도 그런 채널이지요. 만약 초중등 학생들 중에 영어에 부족함을 느끼는 학생들이 있다면, 유튜브에 재밌고 쉽게 파닉스를 알려주고 영어 단어와 표현

151

을 외울 수 있게 도와주는 영상들이 많이 있으니 따로 학원을 다니지 않아도 충분히 영어 능력을 기를 수 있을 거예요. 또 과학 실험을 전문적으로 다루는 채널들도 많이 있죠. 코로나로 인해 온라인 수업 시대가 열렸을 때, 현직 선생님들도 교과 내용을 알려주는 좋은 영상을 많이 만들어 올리셨어요. 교과서 사이트에서도 영상 지원을 많이 했고요. 학교에서 배우고 있는 내용이 잘 이해되지 않을 때는 관련 키워드를 유튜브에서 검색해 보면 도움이 되는 자료를 쉽게 찾을 수 있을 거예요.

어른인 저도 배우고 싶은 것이 생기면 항상 유튜브를 먼저 찾아봐요. 요즘에 유튜브에서 배울 수 없는 것이 거의 없어요. 적어도 기초, 기본 수준은요. 저는 주로 외국어나 촬영, 편집 기술에 대해 공부하고 싶을 때 유튜브를 많이 활용해요. 실력이 뛰어나서 외부에서는 비싼 강의료를 내야 수업을 들을 수 있는 선생님들의 강의를 무료로 누릴 수 있으니 이렇게 좋은 세상에 살고 있는 것에 감사를 느낄 때가 많답니다. 그리고 영어를 듣고, 읽는 능력을 갖추면 유튜브는 더욱더 넓은 정보의 바다가 돼요. 영어로 검색을 하면 관련 영상이 훨씬 더 많이 나오거든요. 그래서 제 주변에도 사진, 영상 편집이나 악기 등 원하는 기술을 배울 때, 한국 유튜브 영상에 부족함을 느껴서 영어로 영상을 찾아보고 부족한 부분을 채웠다는

혼공TV 허준석 선생님의 무료 강의 영상   ● LIVE

친구들이 많아요. 영상은 말을 완벽하게 알아듣지 못하더라도 보면서 따라 익힐 수 있는 특징이 있다 보니, 기술 분야에 따라 언어의 장벽을 해소할 수 있는 부분도 많더라고요. 예를 들어 종이접기나 요리 같은 분야는 말을 정확히 알아듣지 못해도 그 사람이 하는 모습을 똑같이 따라 하면 쉽게 익힐 수 있잖아요. 그러니 학생들도 학과 공부를 할 때나 새로운 기술을 배우고 싶어졌을 때 한국어뿐만 아니라 영어로도 검색해서 다양한 영상들을 활용해 보기 바라요.

좋은 유튜브 채널들을 추천해 주세요.

편 청소년들에게 추천해 주고 싶은 유튜브 채널들을 알려주세요.

김 제가 실제로 좋아하는 채널들 중에서 청소년들에게도 유익한 채널을 알려드릴게요. 첫 번째로 〈책그림〉은 구독자가 50만 명에 달하는 유명한 책 리뷰 채널이에요. 동기부여, 자기계발, IT/과학, 진로, 꿈, 심리, 인문/사회 등 다양한 분야의 책의 핵심 내용을 잘 어울리는 이미지 자료를 활용하여 호소력 있는 유튜버의 목소리로 전달하지요. 좋은 지식과 정보를 짧은 시간에 얻을 수 있을 뿐만 아니라 얼굴이 드러나지 않는 리뷰 채널 운영 노하우를 얻고 싶은 학생들에게 많은 도움이 될 수 있어요.

두 번째는 〈광고의모든것〉입니다. 이 채널의 구독자 수는 약 5만으로 큰 채널은 아니지만 국내, 국외의 기발한 광고 영상들을 보여주며 어떤 점이 인상 깊었는지 유튜버의 견해를 들려주죠. 가끔 창의적인 아이디어가 필요하고, 영감을 얻고 싶을 때 이 채널의 영상을 여러 편 이어보곤 합니다.

세 번째 〈사물궁이〉채널은 학생들이 일상 속에서 한 번쯤 궁금증을 가졌을만한 내용을 과학 지식을 바탕으로 해결해 줍니다.

'잠잘 때 가끔 몸을 움찔하면서 깨는 이유는?', '엘리베이터가 추락할 때 점프하면 살 수 있을까?'와 같은 영상 제목만 봐도 우리가 살면서 한 번쯤 궁금증을 느꼈을만한 내용들을 잘 다루고 있는 게 느껴지시죠? 〈사물궁이〉는 직접 그린 애니메이션과 유튜버의 목소리를 활용해 영상을 제작하고 있고, 그 퀄리티가 높아 구독자 150만 명이 넘는 대형 채널이 되었죠. 영상에 다룬 내용들을 책으로 내기도 했고요.

네 번째는 〈유니브클래스〉입니다. 중고등학교 학생들이 관심을 가질만한 한국의 입시제도와 전략에 대한 이야기를 집중적으로 다루는 채널이에요. 입시 전문가들이나 입시에 성공한 대학생들이 출연해서 입시 정보를 요약해서 들려주고, '입시 상담반'이라는 시리즈에서는 실제 학생들이 출연해 자신의 입시, 성적 고민을 털어놓고 전문가가 상담을 해주죠. 이 채널은 다소 딱딱한 입시라는 소재를 다루고 있음에도 학생들에게 도움이 되는 정보를 잘 전달하여 구독자가 거의 20만 명에 이르고, 영상 조회 수도 꾸준하게 잘 나오는 편이에요.

다섯 번째 〈옐언니〉는 개인적으로 제가 너무나 좋아하는 유튜버예요. 이미 틱톡커로 큰 성공을 거두고 유튜브로 넘어온 경우인데, 깜찍한 외모에 톡톡 튀는 목소리와 표정 연기로 어린이들뿐만

추천 채널

책그림

구독자 48.8만 명 • 동영상 360개
삶의 무기가 되는 지식을 전합니다. 책 한 권의 핵심을 꾹꾹 눌러
담아드릴게요.

광고의모든것(AllaboutAD)

구독자 4.72만 명 • 동영상 612개
광고로 영감을 전합니다. 당신의 크리에이티브 레퍼런스 저장소,
광고의모든것.

사물궁이 잡학지식

구독자 151만 명 • 동영상 334개
사물궁이는 사소해서 물어보지 못했지만 궁금했던 이야기의 준말입니다.
– 2015년 '스피드웨건'이라는 필명으로 페이스북 페이지 ...

유니브클래스

구독자 20.2만 명 • 동영상 205개
학부모와 학생이 함께 YouTube에 맞는 유익하고 재미있는 입시 콘텐츠!
입시, 교육, 생활에 관한 꿀팁을 쉽고 재미있게 이야기하면서 ...

옐언니

구독자 162만 명 • 동영상 511개
안녕하세요 여러분! 옐언닙니다 아핫! ♥옐언니 구독하기♥
www.youtube.com/c/옐언니?sub_confirmation=1
♥옐언니 SNS♥ 틱톡: ...

톡톡시아 Toctocsia

구독자 72.8만 명 • 동영상 674개
문의 메일 toctocsia@gmail.com.

아니라 저 같은 어른들의 마음도 사로잡은 분이죠. 학생들이 관심을 가질만한 재미있는 장난감이나 간식 소개를 주로 하는데 틱톡커로 크게 성공했기 때문에 틱톡 촬영 팁과 관련한 영상들도 제작했어요. 저는 옐언니를 너무 좋아해서 옐언니의 틱톡 제작 관련 책을 구매하기도 했죠. 학생들이 좋아할 만한 톡톡 튀는 콘텐츠를 제작하고 싶거나, 세상 근심을 잊고 재미에 빠지고 싶을 때 옐언니 채널을 추천합니다.

여섯 번째는 또 제가 아주 좋아하는 〈톡톡시아〉 채널이에요. 〈톡톡시아〉 채널의 주인공인 시아 양은 현재 6학년으로 구독자 수 70만 명 채널의 성공한 키즈 크리에이터예요. 먹방이 주요 콘텐츠인데 제가 시아 양을 좋아하는 이유는 무리해서 많은 양을 먹지 않고, 짧은 시간에 적절한 양의 음식을 먹으며 그 맛을 귀여운 표정과 함께 잘 설명하고 전달해요. 키즈 유튜버를 꿈꾸는 학생들이 참고하면 좋을 채널이에요.

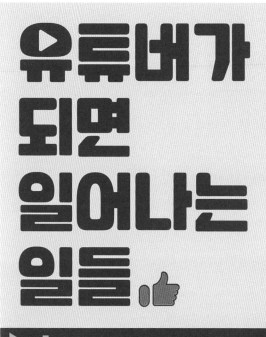

편 유튜브 작업은 보통 어디에서 하나요?

김 1인 프리랜서로 활동하시는 분들은 보통 집에서 편집을 많이 하고, 가끔 떨어진 집중력을 높이기 위해 카페에 가서 작업을 하는 경우도 있어요. 집에서 편집을 하는 이유는 편집을 할 때 큰 모니터를 듀얼(2개)로 사용하는 것이 편리한데, 바깥에 나가서 작업을 하면 그런 작업 환경을 갖추기가 어렵기 때문이에요. 이후 유튜브 채널이 커져서 직원을 고용하게 되면 사무실을 계약하는 분들도 많아요. 그때는 1인 활동이 아닌 진짜 회사를 설립하고 활동을 하는 거죠.

저는 혼자서 채널을 운영하고 있기 때문에 아직까지는 집에서 작업하는 경우가 많아요. 일단 영상의 소리를 계속 듣고, 컷 편집을 해야 하기 때문에 집에서 하면 이어폰을 사용하지 않아도 돼서 편리하더라고요. 그리고 제 목소리를 녹음해서 영상에 삽입하는 경우가 많은데 바깥에서 작업을 하면 여러 소음이 많이 잡혀서 깨끗한 목소리를 녹음할 수가 없어요. 그래서 특별한 상황이 아닌 한 집에서 작업하는 것을 선호해요. 다만 집에서 작업할 때의 단점은 작업 중간중간에 목과 허리가 아프거나 피곤해져서 침대에 잠시 누워 쉬는 경우가 있는데, 바깥에서 작업할 때에 비해 휴식 시간이 길어져서 작업에 복귀하는데 시간이 오래 걸린다는 점이에요.

영상을 제작해서 올리는 시간은
대략 얼마나 걸릴까요?

편 선생님은 콘텐츠를 기획하고, 제작해서 올리기까지 비용이나 시간이 대략 어떻게 되나요?

김 유튜버의 영상 스타일이나 주제에 따라 큰 차이가 있을 것 같아요. 제작 비용이 거의 들지 않는 주제를 잡았을 때가 최고인 것 같아요. 저 말고 다른 유튜버들도 고정 비용이 많이 나가지 않는 가성비 높은 콘텐츠를 만드는 채널이 최고라는 말을 하는 것을 들은 적이 있어요. 제작 비용이 거의 안 드는데 조회 수도 잘 나오고 수익이 많이 나면 그것만큼 좋은 게 없겠죠.

　제 콘텐츠를 예로 들면, 학생들의 사연을 받아서 드라마를 찍는 시리즈의 경우 제작 비용이 거의 들지 않아요. 그런데 학생들이 좋아하는 콘텐츠라서 조회 수는 잘 나오는 편이에요. 정말 좋죠. 그런데 상대적으로 먹방 콘텐츠는 비용이 많이 들어요. 제가 만드는 급식 먹방은 매회 1~2만 원 이상의 비용이 들거든요. 그나마 최대한 편의점 같은 곳에서 음식을 사 오고, 비싼 배달음식을 시키지 않아서 그 정도로 드는 거예요. 제가 원래 먹는 양이 많지도 않고, 실제로 음식을 다 먹어야 하다 보니 부담이 되지 않는 선에서만 음식을 준비해요. 그런데 전문 먹방 유튜버들을 보면 음식 양도 엄청나게 많고, 사람들의 관심을 끌기 위해 특대 사이즈의 음식을 따로 제작하기도 하고, 구하기 어려운 음식들도 많이 갖고 나오잖아요. 그들은 인기가 많아 한국뿐만 아니라 전 세계 시청자들이 몰려 조회 수가 엄청나게 나오니까 투자 비용이라 생각할 수 있지만, 매 회당 음식 비용이 많이 들 거예요. 아직 채널 규모가 작은데 성장할 것을 기대하고 이미 잘 되고 있는 먹방 채널들처럼 영상을 촬영하는 분들은 초기 투자 비용이 많이 들겠지요.

반면에 특별한 준비물이나 도구 없이 일상 속 아이디어만으로 찍는 콘텐츠들은 비용이 아예 안 들 수도 있어요. 틱톡커들 중에 그런 분들이 많답니다. 짧은 상황극을 하는데, 표정 연기로 상황을 표현하는 경우가 많아서 의상도 따로 준비하지 않고, 똑같은 옷을 입고 머리 스타일만 약간의 변화를 주며 1인 다역을 하기도 해요. 다만 영상 촬영과 편집을 처음 시작할 때는 필수 장비를 갖추는데 비용이 조금 들 수 있어요. 갖고 있던 휴대폰으로 촬영하면 상관없지만, 저는 유튜브 촬영용으로 쓰려고 카메라 기능이 더 좋은 휴대폰으로 바꿨거든요. 그리고 DSLR이나 미러리스 카메라를 구입하는 분들도 많아요. 한국 유튜버들이 많이 쓰는 카메라 중에 브이로거

들을 위한 가벼운 제품으로는 캐논 마크 2, 3 제품이 큰 인기를 끌었어요. 카메라는 기종과 렌즈 추가 구입 여부에 따라 가격이 많이 달라지는데, 처음 시작할 때부터 고가의 제품을 사는 것은 추천하지 않아요. 본인이 촬영에 일가견이 있는 사람이면 모르겠지만, 처음 시작하는 분들은 전문 지식이 없어서 비싼 카메라를 사도 그 기능을 충분히 활용하지 못하는 경우가 대부분이에요. 또 유튜브를 하다가 그만두게 될 수도 있으니 너무 비싼 제품을 사지 말고, 자신의 재정 상황에 큰 부담이 되지 않는 수준으로 구입하는 것이 좋아요. 또 이미 성능이 나쁘지 않은 휴대폰이나 카메라가 있다면, 조금 더 기능이 좋은 제품을 비싼 돈 주고 사는 것보다는 조명을 설치하는 것이 더 효과적이에요.

마이크 가격도 천차만별이에요. 핀 마이크는 1~2만 원짜리도 있지만 ASMR 유튜버들은 고성능 마이크를 사용하는데, 기본 50만 원에서 100만 원이 넘어가는 경우도 있어요. 제가 요즘 자주 찍는 영상들은 재미있는 스토리와 연기가 중요하지 촬영 도구가 그렇게 중요하지는 않아요. 그래서 휴대폰 하나로 모든 촬영을 하고, 마이크나 조명도 따로 사용하지 않아요.

김켈리 촬영   ● LIVE

김켈리 채널의 실제 작업 시간은 얼마나 되나요?

편 김켈리 채널의 실제 작업 시간은 얼마나 되나요?

김 요즘 만드는 1~2분짜리 숏폼 영상 하나를 만들려면 빠르면 한 두 시간, 좀 더 걸리면 두세 시간이 걸려요. 촬영은 보통 두세 개의 영상 시나리오를 써두고 한 번에 촬영하는 편인데, 그 이유는 제가 일인 다역을 하기 때문에 영상마다 옷을 갈아입으며 촬영을 하면 효율성이 떨어지기 때문이에요. 그래서 두세 편의 시나리오에 나오는 각 인물별 대사를 쭉 모아서 한 번에 촬영해요. 한 인물의 대사를 모두 녹화하면 그때 다른 인물 복장으로 갈아입지요. 그렇게 촬영을 모두 마치는데 보통 한 시간 정도 걸려요. 샤워하고 메이크업하는 데는 30분 정도 걸리고요.

최근 영상들의 작업 시간을 좀 더 구체적으로 비교해서 말씀드리면, 짧은 상황극으로 학생들의 유형을 보여주는 유형 시리즈가 편집 시간이 가장 짧아요. 한 시간 정도 걸리죠. 다음으로는 학생들의 사연 드라마가 한두 시간 정도 걸리고, 먹방 영상 편집 시간이 가장 많이 걸려요. 먹방에 도전하기 전에는 먹방 영상 편집은 시간이 오래 걸리지 않을 줄 알았는데 가장 오래 걸려서 의외였어요. 제가 찍는 영상들이 1~2분 정도로 길이가 짧다 보니 작업 시간이 길지 않을 것 같지만 크로마키 배경 처리를 다 해야 하고, 자막과 음악도 다양하게 사용하다 보니 작업 시간을 줄이기가 어렵더라고요. 또 아이들이 타깃이다 보니 영상이 지루하지 않게 효과음을 많이 쓰는 편이거든요. 그래서 작업 시간이 더 많이 걸리는 것 같아요.

편 효과음은 따로 구입하시나요? 편집 프로그램에 들어있나요?

김 제가 사용하는 프리미어 프로 편집 프로그램은 효과음을 제공하지는 않아요. 파워디렉터의 경우에는 유료 결제를 하면 효과음과 다양한 음원, 특수 효과 등을 제공하죠. 그래서 영상 편집 초보 시절에는 파워디렉터에서 제공하는 효과들을 유용하게 활용했어요. 하지만 효과음을 구하는 것이 크게 어렵지는 않아요. 유튜브에서 '저작권 없는 효과음'이라고 검색하면, 영상을 만들 때 사용해도 문제가 없는 효과음들을 다운로드할 수 있게 제공하는 콘텐츠가 많이 있어요. 그리고 유튜브 오디오 라이브러리나 픽사베이Pixabay와 같은 무료 사이트에서도 배경음악과 사운드 효과를 많이 제공한답니다.

▶ 영상 편집 과정

01 촬영한 영상과 녹음 파일을 컴퓨터로 옮깁니다.

02 영상 스토리별로 제목을 붙인 폴더를 만들고, 각 폴더에 관련 영상들은 옮깁니다.

03 각 폴더 안에서 개별 영상의 제목을 스토리 순서에 맞게 숫자로 고칩니다.

04 그 영상들을 모두 드래그해서 한 번에 프리미어 프로 편집 프로그램에 불러옵니다.

05 순서대로 놓인 영상들에서 필요 없는 부분을 잘라내고 자연스럽게 이어 붙입니다.

06 크로마키를 적용해서 초록 배경을 없애고 상황에 맞는 배경 이미지를 삽입합니다.

07 각 장면에 맞는 자막을 입력합니다.

08 배경음악과 효과음을 삽입합니다.

09 편집이 완료된 전체 영상을 확인하며 아쉬운 부분을 수정 보완하고, 최종 영상을 mp4 파일 형태로 뽑아내 완성합니다.

10 완성된 영상을 유튜브에 업로드합니다.

● 이전에는 섬네일 이미지 작업을 따로 했었는데 최근에 만드는 영상들은 영상 첫 부분에 제목과 핵심 이미지를 넣고, 그 부분을 캡처한 이미지를 섬네일로 사용하고 있어요.

📭 유튜버로 처음 시작해서 숙련되기까지 얼마나 걸리는 것 같아
요?

🥼 제가 지금 수준의 영상 편집 숙련도를 가지는 데는 약 2년이
걸린 것 같아요. 온라인 수업 기간에 매일 수업 영상을 만들어야 해
서 편집에 매달려 살았더니 그때 속도가 많이 붙었어요. 영상 편집
도 여러 번 많이 해보면서 작업이 익숙해졌고요. 그래서 가장 빠르
게 일을 처리할 수 있는 순서를 찾는 것이 중요해요. 노래나 효과음
은 내가 가진 파일들을 많이 쓰다 보면, 어디에 어떤 음원을 쓸지
금방 파악이 돼서 작업 속도가 빨라지죠.

온라인 수업을 만들기 전에 저는 유튜브를 하긴 했지만, 여유
시간이 있고 마음 내킬 때만 영상을 찍어 올렸기 때문에 업로드 주
기가 꽤 길었어요. 한 달에 영상을 한두 개 올릴까 말까 할 때도 있
었죠. 당시에 저는 유튜브를 중요하게 생각하지 않았고, 말 그대로
시간 날 때 가끔 하는 취미 정도로 생각했기 때문에 꾸준히 성실하
게 업로드를 하지 않았어요. 제 일에 지장을 주지 않는 범위 안에서

만 활동을 했었죠. 그렇기 때문에 학생들이나 직장을 다니는 일반인들의 경우 주 1~2회 꾸준히 영상을 업로드하는 일이 쉬운 일이 아니라는 것을 잘 알고 있어요. 짧은 쇼츠 영상이라면 좀 더 수월하겠지만, 긴 유튜브 영상을 만든다면 주 한 편만 제작해도 많은 노력이 필요할 거예요. 어느 정도 편집이 손에 익고 익숙해지려면 매주 한두 편의 영상을 올린다는 전제하에 5~6개월 이상은 꾸준하게 해야 할 것 같아요. 저도 지금은 영상 편집을 주 생계 수단으로 활용하고 있지만 아직도 숙련하는 과정에 있다고 생각하거든요. 그만큼 숙련자가 되는 것은 쉽지 않은 일 같아요. 만약 여러분이 주 한두 편의 영상을 계속 만들지 못하는 상황이라면 숙련되는데 조금 더 많은 시간이 걸릴 거예요.

제가 앞에서 영상을 편집하는 일련의 과정을 나열해서 알려드렸지요? 그 과정은 제가 두 달 동안 같은 유형의 영상들을 매일 두세 개씩 제작하면서 속도를 단축할 수 있는 방법을 여러 번 연구해서 찾아낸 방식이에요. 사람마다 빠르게 편집할 수 있는 작업 순서가 다를 수 있어요. 그래서 제 방법을 따라 해보셔도 좋지만 이후에 나한테 가장 잘 맞고 빠른 방법이 무엇인지는 스스로 찾는 노력이 필요해요.

편 유튜버의 수입에 대해 알고 싶어요.

김 유튜버의 광고 수익은 조회 수가 매우 중요해요. 조회 수 한 건 당 1~1.5원 정도 수준인 것 같아요. 조회 수에 따른 광고 수익은 내 영상에 달리는 광고의 개수나 어떤 종류의 광고가 달리는지, 어느 지역 사람들이 보는지 등에 따라 차이가 생길 수 있다고 해요.

편 구독자 수가 아니라 한 달간의 누적 조회 수로 계산하는 거군요.

김 네. 구독자 수는 광고 수익에 영향을 미치지 않아요. 매달 그 달에 쌓인 누적 조회 수에 따른 광고 수익을 다음 달 20~25일 즈음 받게 돼요. 외국 자금이 들어오다 보니 한국의 은행에서 달러를 제 계좌에 입금해 주는 기간이 조금 걸려서 은행이 업무를 빠르게 처리해 주지 않을 경우엔 평소보다 늦게 입금되는 일도 발생해요. 구글은 수익 송금을 하면 꼭 메일로 알림을 주는데, 메일을 받고도 평소보다 입금되기까지 시간이 오래 걸리면 은행의 담당 부서에 연락을 취해 확인해 보는 것이 좋아요. 외화 유통이 많지 않은 은행에서는 구글에서 입금이 됐는데도 그 사실을 놓쳐서 제 계좌로 입금을 안 해준 일도 있었거든요.

광고 수익은 새롭게 쌓인 조회 수가 중요하기 때문에 새로 시작한 채널이라도 영상의 조회 수가 많으면 큰 수익을 얻을 수 있어요. 반대로 구독자도 많고 채널은 커졌는데 인기가 시들해져서 조회 수가 안 나오면, 규모가 훨씬 작지만 새로 올리는 영상의 조회 수가 잘 나오는 채널들보다 수익이 안 나오는 경우도 있죠. 사람들이 보기에는 100만 명이 넘는 대형 채널이고 그전에 쌓여 있던 인기 동영상들의 조회 수가 많다 보니 그 수치들을 보고 이 유튜버가 계속 돈을 많이 벌고 있을 거라고 생각해요. 하지만 수익에 있어 가장 중요한 것은 최근 영상들이거든요. 오래된 영상들은 알고리즘에서 추천에 잘 띄워주지 않기 때문에 시간이 많이 지난 영상들에서는 큰 광고 수익을 기대하기 어려워요. 그래서 어떤 채널에 들어가서 그달에 올라온 새로운 영상들의 조회 수가 총 얼마인지 확인하면 수익을 대충 예상할 수 있죠. 그달에 올린 새로운 영상의 조회 수를 합쳐서 몇천 회 정도밖에 되지 않는다면, 수익이 거의 들어오지 않을 거예요. 최소한 새롭게 올린 영상들마다 10만 회 이상의 조회 수가 나와야 꽤 높은 수익을 올린다고 기대할 수 있어요.

그리고 요즘은 유튜브 쇼츠가 인기가 많은데, 쇼츠는 기본적

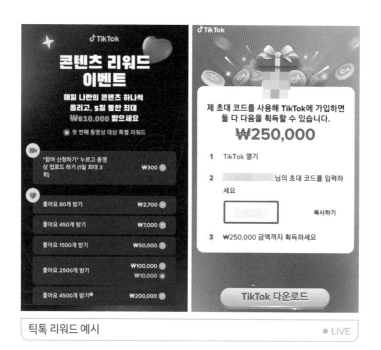

틱톡 리워드 예시

으로 광고 수익이 나지 않다 보니 도전하기를 꺼리는 분들도 있더라고요. 원래는 쇼츠에서 수익이 전혀 나지 않았지만 최근에 유튜브에서 쇼츠 펀드라는 리워드 제도를 도입했어요. 자신들이 정한일정 기준에 맞춰 매달 쇼츠 영상을 많이 만들고, 인기가 좋았던 유튜버들에게 일정 금액을 쇼츠 보너스로 지급하는 거예요. 그 기준이 어떻게 되는지는 유튜브 고객센터에 문의해 봤지만 정확하게 알려주지 않더라고요. 쇼츠 수익은 일반적인 유튜브 수익과 비교하면 아주 적은 편이지만 그래도 수익을 조금이라도 창출할 수 있게 되었다는 점은 유튜버들에게 좋은 소식이죠. 쇼츠 영상이 인기가 많은 채널은 외부 기업에서 쇼츠 광고 영상 제작 문의도 자주 들어오기 때문에 수입원을 늘릴 수 있는 하나의 창구임은 분명해요.

편 할아버지, 할머니 유튜버도 있나요?

김 네. 맞아요. 그분들 이야기를 하면 갑자기 용기가 나고 다시 밝은 마음 상태로 돌아오곤 해요. 한국에 인기 유튜버 중에 박막례 할머니가 있잖아요. 〈박막례 할머니〉 채널은 현재 136만 구독자를 달성했어요. 할머니가 언니들이 치매에 걸려서 고생하는 것을 보고 본인도 치매에 걸리면 어떡하지 걱정을 했대요. 그래서 손녀 김유라 씨가 늦기 전에 할머니와 추억을 만들고자 직장에 사표를 내고, 유튜브 채널을 개설해 할머니와의 추억 영상을 올리기 시작했다고 해요. 원래는 할머니와 자유로운 여행을 다녀와서 그 영상을 찍어 올리고 가족이나 지인들과 돌려보는 용도로 소소하게 활용했어요. 그런데 할머니의 '치과 들렀다 시장 갈 때 메이크업'이라는 영상이 젊은이들의 관심과 웃음을 자아내면서 단기간에 15만 구독자를 달성했죠. 방송연예과를 전공한 손녀 김유라 씨가 대학 시절 촬영과 감독 관련 공부를 하기도 했고, 사회에 나온 후에 콘텐츠 관련 업무에 종사한 경험이 있어서 유튜브 운영에 도움이 되었다고 해요. 〈박막례 할머니〉 채널의 사례는 큰 화제가 돼서 미국에 초청 받아 구글과 유튜브 CEO들을 만나고 오기도 했어요. 할머니의 채널은 꾸준히 승승장구했고, 2019년 5월에는 『박막례, 이대로 죽을 순 없다』라는 자서전을 내기도 했죠. 할머니는 자신의 삶을 돌아보며 인생이 어떻게 될지 정말 모르는 거라는 말을 자주 하셨어요. 즐겁게 살다 보면 이렇게 생각지 못한 날들이 찾아온다며 젊은이들에게 희망이 되는 말씀을 자주 해주시죠.

　박막례 할머니 외에도 환갑이 넘은 나이에 시니어 모델에 도전해 소셜 미디어에서 큰 화제가 된 김칠두 씨, 최근에 박막례 할머니처럼 찰진 입담으로 젊은이들에게 큰 인기를 얻고 있는 〈순자엄마〉 채널, 82세 김영원 할머니가 운영 중인 먹방 채널 〈영원씨01seeTV〉 등 최근 할머니, 할아버지 유튜버들도 크게 늘고 있어요. 할머니, 할아버지 유튜버들의 경우는 촬영과 편집을 자식들이나 손자, 손녀가 도와주는 경우가 많아요. 이 과정에서 할머니, 할아버지와 새로운 추억을 쌓고 할머니, 할아버지 인생에 새로운 활력소를 드리면서 행복한 유튜브 생활을 이어나가는 가족들이 많은 것 같아요. 제가 종종 보는 코미디 유튜버 '이라이라경'님은 귀여운 20대 손녀로 할아버지를 깜짝 놀라게 해서 재밌는 몰래카메라를 진행하거나, 할아버지가 먹어보지 못한 새로운 음식들에 함께 도전하는 영상을 자주 찍어요. 그 영상을 보면 할아버지가 손녀와 함께 재밌는 일들을 계속할 수 있어서 진심으로 행복해하시는 모습이 느껴져요. 이렇게 할머니, 할아버지들이 행복하게 유튜브 활동을 하며 제2의 인생을 사는 모습을 보면, 지금 자신의 일상이 힘들고 피곤하다고 느끼는 젊은이들이 새로운 희망을 품을 수 있는 것 같아요. 나이가 들어도 내가 하고 싶은 새로운 일에 도전하고, 즐거운 삶을 살 수 있다는 꿈을 갖게 되거든요.

교사크리에이터협회에 가입한 선생님들 채널

편 유튜버라는 직업이 우리 사회에서 앞으로 어떤 의미가 있을까
요? 사회에서 중요한 직업군으로 자리 잡지 않을까요?

김 소셜 미디어의 종류에 따라 유튜버, 틱톡커, 블로거 등 사용하
는 용어는 다양하지만 결국 그들을 통칭할 수 있는 말은 인플루언
서Influencer인 것 같아요. 활동하는 플랫폼과 분야는 다 다르겠지만
공통적인 특징은 다른 사람들에게 영향을 주는 인물이라는 것이에
요. 그들이 만드는 콘텐츠에 많은 사람들이 주목하고, 그 콘텐츠 속
에 담긴 메시지에 사람들이 영향을 받기 때문에 여러 기업에서 그
들의 영향력을 사업에 활용하려고 하죠. 사람들은 자신이 평소에
관심 있어 하는 사람이 사용하는 물건이나 서비스를 보면 관심이
가고, 더 좋아 보이는 경향이 있어요. 저도 제가 좋아하는 유튜버가
사용하는 화장품을 따라 산 적이 몇 번 있거든요. 또 SNS에서 인플
루언서가 된 사람들은 연예인에 비해 훨씬 더 가깝고 친밀한 느낌
이 들기 때문에 그들의 영향력은 사람들이 어떤 행동을 하게 만드
는 데 더 쉽게 작용하는 것 같아요.

예를 들어 예쁜 여자 연예인이 어떤 화장품 광고를 했을 때, 화

장품의 이미지가 더 고급스럽고 좋아 보이기는 하지만 저 연예인이 실제로 그 화장품을 써서 피부가 좋아졌을 거라는 생각은 별로 들지 않잖아요. 원래도 피부가 좋은 모델을 사용했다는 느낌이 들 뿐이죠. 하지만 유튜버가 어떤 화장품을 홍보하는 영상을 찍으면, 이 사람이 직접 사용해 보고 검증했다는 생각을 하고 더 믿고 사게 되는 경향이 큰 것 같아요. 이렇게 인플루언서들의 영향력이 제품 판매로 이어질 수 있기 때문에 기업들은 계속해서 인플루언서들을 광고에 활용하려고 할 거예요. 그리고 인플루언서가 되어 성공적인 경제활동을 하는 사람이 늘어날수록 그 모습을 보고 본인도 인플루언서가 되기 위해 노력하는 사람들은 더 많이 늘어나게 되겠죠.

편 우리 사회에 인플루언서가 늘어나면 좋은 일일까요?

김 예전에는 얼굴이 예뻐서 미스코리아 대회에서 뽑히거나, 특별한 재능을 가지고 있어서 가요제에서 입상을 하든, 연기자 시험에 합격을 하든 특수한 경로를 통해서 연예인이 되어야만 유명해질 수 있었잖아요. 그런데 요즘에는 평범한 사람 누구나 자신의 재치나 아이디어를 이용해서 인플루언서가 될 수 있는 세상이 됐어요. 제가 어렸을 때만 해도 상상하기 어려웠던 세상에 살고 있는 거죠. 개인적으로는 세상이 이렇게 변화한 것이 신기하기도 하고, 항

몽당분필 교사 단체에서 다른 선생님들과 함께 촬영　　● LIVE

상 감사하다는 생각이 들어요. 만약에 제가 부모님 세대에 태어났다면 지금처럼 초등 교사라는 직업을 그만두고 자유롭게 일을 하며 살기 어려웠을 것 같아요. 사람들이 좋아하는 콘텐츠를 만들어 올리는 것만으로 생계를 꾸려나갈 수 있다니 얼마나 신기한 일이에요?

부모님 세대가 젊었던 시절에는 직장에 몸담고 있지 않으면 장사나 사업을 하지 않는 이상 스스로 생계를 꾸려나갈 수 있는 방법이 많이 없었던 것 같아요. 그렇다 보니 저희 부모님도 제가 안정적인 공무원을 그만두고 나온다고 할 때 걱정을 많이 하셨어요. 부모님 세대의 사고방식으로는 제가 하는 일로 생계를 유지해 나갈 수 있다는 것이 여전히 많이 생소하고 신기하신 것 같아요. 또 저희 부모님 세대가 학벌을 중요하게 생각하셨던 이유는 평범한 사람들이 자신을 알리고 표현할 수 있는 수단이 없었기 때문이에요. 공부를 잘해서 좋은 회사에 들어가고 높은 직책을 얻어내야만 목소리를 낼 수 있는 시대에 살았기 때문이죠. 그런데 요즘에는 평범한 사람들도 다양한 플랫폼에서 자신의 개성을 자유롭게 표현할 수 있어요. 그리고 그 개성이 사람들의 눈길을 끌면 그 사람의 학벌, 사회적 지위, 재산 등에 관계없이 사랑과 관심을 받을 수 있게 되었죠. 단적인 예로 정규직으로 취직을 하지 않고 아르바이트를 하면서도 그 모습을 재밌는 영상으로 만들어서 많은 사람들에게 호응을 얻고, 높은 조회 수로 수익을 올리는 청년들이 많이 있어요. 누구나 주인공이 될 수 있는 이런 세상이 저는 좋다고 생각해요.

유튜버 김켈리의 세계에 초대합니다

김켈리 선생님의 학창 시절이 궁금해요.

편 선생님은 학창 시절에 어떤 학생이었나요?

김 저는 어렸을 때, 남들 앞에서 표현하고 싶은 욕구는 많지만 쑥스러움도 많고 사람들 앞에 나가면 몸이 사시나무 떨듯이 떨리면서 목소리도 같이 떨리는 아이였어요. 소심한 부분도 있어서 담임 선생님께 부탁이나 요청을 잘 못하기도 했었죠. 초등학교에 입학해서 1학년 때는 선생님이 운동장에서 종례를 하시는데 시간이 많이 길어졌어요. 그때 저는 화장실에 너무 가고 싶었거든요. 그런데 선생님 말을 끊고 화장실에 가고 싶다는 말을 못 했어요. 결국 서있는 채로 오줌을 싸버린 경험도 있답니다. 제가 맡았던 제자들을 떠올려보면 요즘 아이들은 자기가 원하는 바나 필요한 것들을 잘 이야기하는데 말이에요. 저는 참 소심한 아이였어요.

저희 어머니는 제가 어릴 때 다양한 예체능 과목을 배울 수 있게 지원해 주셨어요. 비록 적성에 맞지 않아 금방 그만둔 것들도 많지만 피아노, 바이올린, 성악, 서예, 구연동화, 미술, 컴퓨터 등 여러 학원을 다니며 많은 표현활동을 할 수 있었죠. 저는 몸이 덜덜 떨리기는 했어도 남들 앞에서 역할극 하는 것을 즐겼어요. 그래서 국어 시간에 이야기 글이 나오면 꼭 그 글을 실감 나게 소리 내어 읽는 발표를 하고 싶어 했죠. 지금도 학창 시절을 떠올리면 기억에 남는 장면이 있어요. 5학년 학예회 때 왕관을 쓰고 신데렐라의 왕자 역할을 했던 장면, 고등학교 때 친구들과 무용 표현활동 교내 대회에 나가 무대 위에서 했던 공연, 친구 교회 수련회에 따라가 눈물 연기를 해서 사람들에게 칭찬을 받았던 일 등이 떠올라요.

고등학생 때는 국어 선생님이 교과서에 나온 이야기 글을 한 사람이 한 문장씩 돌아가며 읽으라고 하셨는데, 제가 너무 실감 나게 읽은 나머지 "얘야, 네가 처음부터 끝까지 다 읽어."라고 하셔서 전체 글을 읽으며 열연했던 기억이 나요. 그때 제 연기가 너무 웃기다고 아이들이 얼굴이 새빨개지면서 웃어주었는데 그때 가슴이 콩닥콩닥 뛰고 기분이 좋았어요. 고등학교 때는 나름 그렇게 철면피를 깔고 친구들을 웃기기도 했지만, 중학생 때까지만 해도 큰 무대에 서는 것은 두려운 학생이었죠. 우리 반 친구가 같이 춤 연습을 해서 수학여행 때 장기자랑에 나가자고 했는데, 춤 연습은 했지만 자신이 없어서 결국 장기자랑을 포기했던 기억이 나요.

하지만 무대에 대한 로망은 계속 가지고 살았기 때문에 대학교에 들어가서는 무대에 서는 동아리를 두 개나 들었어요. 하나는 댄스 동아리였고, 하나는 태권도 동아리였어요. 두 동아리 모두 학교에 축제가 있을 때마다 춤 공연이나, 태권무 공연을 했거든요. 어렸을 때 이루지 못했던 무대에 서고 싶었던 갈증을 대학교에 가서 해소했죠. 사실 잘 하지는 못했어요. 저는 춤을 잘 못 외우는 편이거든요. 남들의 3배, 4배 연습을 해도 제 동작은 어색했고, 무대에 서면 긴장을 많이 해서 동작을 많이 틀렸어요. 그래도 그렇게 무대에 서는 경험을 자꾸 하다 보니 나중에는 규모가 작은 자리에 서면 몸이 덜 떨리고, 이후엔 그보다 좀 더 큰 자리에 가도 떨림이 덜 하더라고요. 확실히 사람은 많은 경험을 통해 성장한다는 걸 느꼈죠.

그렇게 저는 표현활동과 연기를 즐기는 학생이었기 때문에 어른이 된 지금도 유튜브에서 상황극을 하고, 웃긴 영상들을 찍는 것이 적성에 잘 맞는 것 같아요. 사람들이 제 영상을 보고 현타가 오지 않느냐고 물어보는 경우가 많았어요. 노래 부르고 춤추고, 아이들 앞에서 초등학교 선생님은 잘 보여주지 않을 법한 모습을 보이니 적응이 안 됐나 봐요. 그런데 저는 이런 활동이 여전히 너무 재밌고 즐거워요. 그리고 저는 제 모습을 보고 사람들이 웃기고 재미있다고 할 때 엄청난 희열을 느껴요. 너 참 멋진 사람이라는 말보다 너 참 재밌고 웃기다는 말을 듣는 게 더 기분이 좋답니다. 이 글을 쓰다 보니, 나중에 인생 3막 때는 극장에서 코미디 연극을 하는 배우를 도전해 봐도 재밌을 것 같다는 생각이 드네요.

김켈리의 촬영 모습　　　　　　　　　　　　● LIVE

부모님께서는 유튜버 직업을 어떻게 생각하세요?

편 부모님께서는 유튜버 직업을 어떻게 생각하세요?

김 저희 부모님은 유튜버라는 직업이 연예인과 비슷한 직업이라고 생각하셨고, 우리 가족과 큰 관련이 없다고 생각해서 별 관심이 없으셨어요. 하지만 제가 온라인 수업을 올리면서 교직 사회에서 영향력을 얻기 시작했을 때는 유튜브가 가지는 파급력에 대해 놀라셨고 긍정적으로 바라보기 시작하셨죠. 그리고 교사를 그만두고 전업 유튜버의 길을 걷게 되었을 때는 과연 제대로 밥벌이를 할 수 있는 직업인지 걱정을 많이 하셨지만, 이후에 제가 유튜브만 하는 것이 아니라 유튜버에서 뻗어나가 다양한 직업에 도전하는 모습을 보시면서 흐뭇해하셨어요. 지금은 이 직업을 온전히 하나의 제대로 된 직업 활동으로 인정해 주시는 것 같아요. 제가 교사 시절에 임용 관련 자료를 올리고, 취미처럼 유튜브를 하던 때만 해도 저희 가족들은 제 유튜브 활동에 관심이 거의 없었어요. 하지만 최근에는 부모님도 제 유튜브 활동에 많은 관심을 가지고 제 영상을 꼬박꼬박 챙겨봐 주시는 것 같아요.

사실 제가 학교를 나오게 된 2021년에는 몸이 많이 아파서 아무 일도 제대로 할 수 없는 상태였고, 부모님의 걱정도 이만저만이 아니셨거든요. 그런데 퇴직 후 휴식 시간을 거쳐 다시 건강을 회복하고 활발하게 활동하는 모습을 보니 그것만으로도 안심되고 기쁘셨던 것 같아요. 저희 아버지는 제게 네가 학교를 나와서도 유튜브에서, 그리고 다른 분야에서도 자유롭게 하고 싶은 일에 도전하는 것을 보니 대견하고 자랑스럽다고 말씀해 주셨어요. 그리고 사람들에게 점점 더 많이 알려지고 영향을 끼치는 일을 하고 있는 만큼 항상 건강과 감정 관리를 잘 하고, 사회적으로 모범이 되는 일들에도 관심을 가지고 앞장서면 좋겠다는 말씀을 하셨답니다. 저희 어머니는 별다른 말을 하시지는 않지만 제 영상을 꼬박꼬박 봐주시는 열혈 팬이신 것 같아요. 부모님 두 분 다 제 채널 유료 회원으로도 가입해서 매달 저에게 치킨 값을 자동으로 결제해 주시고 있답니다.

편 유튜버 김켈리 1회 방송은 어떤 거였나요?

김 초등 교사 임용시험을 준비하는 후배들을 위해 올린 '영어 수업 실연' 영상이었어요. 그전에는 학교에서 수업을 할 때 만든 동영상 수업 자료들을 쌓아두는 저장소로 유튜브를 활용하고 있었죠.

편 그게 첫 영상이었어요? 진짜 강하네요.

김 강하다고요? 하하 저는 후배들에게 도움을 주고 싶다는 작은 바람만 가지고 큰 준비 없이 그 영상을 찍었어요.

편 저도 봤는데, 너무 재미있었어요.

김 제 채널에서 가장 많은 사람들이 본 수업 실연 영상이 두 개 있어요. 하나는 처음으로 올린 영어 수업 실연 영상이고, 하나는 그다음 해에 올린 한국어로 진행하는 일반 수업 실연 영상이에요. 영어 수업 실연 영상은 영어로 진행하다 보니 시험 준비생들 외에 다른 시청자들의 관심은 크게 끌지 못했어요. 애초에 관심을 끌 용도도 아니었고요. 그런데 다음 해에 올린 일반 수업 실연 영상이 엄청난

유명한 <틀려도 괜찮아> 노래 ● LIVE

인기를 끌었죠. 저도 정말 당황했답니다. 아니, 이건 교사 시험 준비용 영상인데 왜 일반인들이 와서 이걸 보는 거야 하고 말이죠. 그런데 그 영상이 인기를 끈 이유가 있어요. 바로 '재미' 요소와 '의외성'이 함께 들어갔기 때문이에요.

　우선 일반인들은 초등 교사가 되기 위해 보는 시험에 연기자 시험 같은 게 있다는 것에 큰 의외성을 느끼고 충격을 받았어요. 수험자들이 앞에 채점관밖에 없는데 아이들이 있는 척 혼자서 원맨쇼를 해야 하거든요. 혼자 질문하고 대답하고, 북 치고 장구 치고를 하는 거예요. 그러니 얼마나 충격적이었겠어요. 이게 과연 교사 시험인지, 연기자 시험인지 아무리 봐도 헷갈렸을 거예요. 그래서 사람들이 교사 되는 거 정말 어려운 일이었구나 하고 혀를 내둘렀죠. 자기는 초등 교사 절대 못 되겠다면서요. 그 이후에 제가 교대생들의 영웅이 되었어요. 왜냐면 그 영상이 일반인들 사이에 엄청나게 공유되면서 많은 학생들이 교대 다니는 친구들에게 연락해서 "교사 되는 거 진짜 쉬운 것 아니더라~ 너 정말 대단하다."라는 말을 했다고 해요. 선생님들도 제 영상이 교사들의 위상을 높여놨다며 고맙다는 말씀을 하셨죠. 그리고 그 영상 초반부에 제가 '틀려도 괜찮아 정말 괜찮아~ 틀리면서 배우는 거야~'라는 노래를 부르고 수업을 시작했는데, 이 부분이 많은 사람들에게 재미와 감동을 주었던 것 같아요.

유튜브 영상이 인기를 끌 때는 영상 자체가 재밌는 것도 중요한데, 밑에 댓글이 웃기게 달리면 그것 때문에 더 큰 인기를 끌게 되는 경우가 있어요. 제 영상에 어떤 분이 "우리 교수님도 틀려도 괜찮아 불러줬으면 좋겠다."라는 댓글을 달았어요. 그랬더니 그 밑에 다른 사람이 "틀려도 괜찮아~ 네 학점이야~"라는 댓글을 달았죠. 그 댓글을 보고 많은 사람들이 폭소를 터뜨렸어요. 너무 웃기다는 댓글이 쉴 새 없이 달렸죠. 그리고 그 댓글을 응용해서 기발한 개사 댓글들이 줄줄이 달렸어요. 그러니 이 영상을 보러 새롭게 들어온 사람들도 큰 재미를 느낄 수 있었죠. 그 결과 제 일반 수업 실연 영상은 260만 회가 넘는 조회 수를 기록했어요.

🔲 그거 작업하는 데 얼마나 걸리셨어요?

🔲 영어 수업 실연은 제가 경북, 서울 임용시험을 치를 때 같은 대본을 가지고 두 번 다 활용을 했어요. 그래서 시험을 치르고 오랜 시간이 지났음에도 대사가 머릿속에 남아 있었죠. 임용시험 1차가 끝났다는 뉴스 기사를 보고 문득 후배들을 도와주고 싶다는 생각이 든 거예요. 그래서 그날 저녁 바로 집에 가서 컴퓨터 폴더에 있던 영어 수업 실연 대본을 찾아 몇 번 읽어 보고 외웠어요. 그리고 그다음 날 학교 업무를 마치고 저녁에 교실에 혼자 남아 영상을 찍었죠. 수업 실연 영상은 원테이크로 찍어야 해서 조금 더 완벽한 모습을 보여주기 위해 몇 번 시도를 했고, 촬영하는데 한 시간 정도 걸린 것 같아요. 대신 따로 영상을 자르거나 편집할 것들이 없었기 때문에 제목 효과만 달고 10분도 안 걸려서 편집을 끝내고 업로드를 했답니다.

반면 일반 수업 실연 영상은 제가 시험에서 직접 활용했던 대본이 아니라 다시 시험을 친다면 이런 식으로 하면 좋겠다고 스스로 연구해서 대본을 새롭게 짰어요. 일반 수업 실연은 영어 수업 실연의 두 배로 길이가 길고, 대사도 많아서 원테이크로 찍는데 어려움이 많았어요. 깔끔하고 완벽한 영상으로 예시를 보여주고 싶어서 조금이라도 버벅대거나 틀리면 다시 처음부터 찍었어요. 영어 수업 실연과는 비교도 안 되게 많은 시도 끝에 탄생한 영상이에요. 아마 두 시간 넘게 촬영했던 것 같아요. 하지만 공들여 만든 콘텐츠는 오랫동안 사랑받는다는 말이 사실인 것 같아요. 이 영상은 아직까지도 초등 임용계의 전설이라 불릴 정도로 많은 시험 준비생들이 2차 시험을 준비할 때마다 꼭 보고 가는 영상이 되었거든요. 또 〈틀려도 괜찮아〉 노래의 임팩트가 컸는지 영상을 올린 지 2년이나 지났는데도 가끔씩 "오늘 직장에서 힘들어서 틀려도 괜찮아 들으러 왔습니다." 하고 댓글을 남기는 분들이 있어요. 그 댓글을 보면 내 영상이 누군가에게 위로와 재미를 주었다는 생각에 기분이 좋기도 하고, 한편으로는 힘든 하루를 보냈을 그분 생각에 안타깝기도 해요.

교육이 그렇게 중요하다고 생각하시는지 궁금해요.

편. 김켈리 채널의 테마는 교육인 것 같아요. 학생들 얘기, 선생님 얘기, 그리고 채팅도 그렇고요. 선생님이셨으니까 당연할 수도 있지만 왜 교육이 그렇게 중요하다고 생각하시는지 궁금해요.

김. 교사 유튜버로 활동했을 당시 제 꿈은 유튜버로 성공하는 것이 아니라 교육 전문가로 교직사회 내에서 널리 인정받는 것이었어요. 저는 한 번에 여러 가지 일을 동시에 할 수 있는 성격은 아니에요. 그렇다 보니 제가 하는 일들의 방향이 모두 일치하는 것이 여러 일을 수행할 때 수월했어요. 제 목표가 교육 전문가였으니 유튜브 활동을 할 때도 그 이미지를 유지하는 데 도움이 되는 방향으로 활용하려고 노력을 많이 했고요. 시너지 효과를 노린 것이죠.

초창기에 활동하던 교사 유튜버들 중에 학교생활은 거의 다루지 않고 본인의 일상 브이로그를 만들어 올리는 분이 있었어요. 그분의 영상이 많은 분들에게 사랑을 받는 것을 보며 나도 저런 영상을 찍어볼까라는 생각을 해보기도 했었답니다. 그런데 저는 평일에도 주말에도 학교 일에 많은 시간을 할애하고 있었기 때문에 일상 브이로그를 따로 찍는 것이 부담스러웠어요. 그래서 이후에 브이로그 영상에 도전했을 때도 학생들과 재밌게 수업하는 모습, 밤 늦게까지 학교에 남아 야근하는 모습, 새벽까지 수업 자료를 만드는 모습 등 진짜 제 일상을 담았죠. 또 일하는 모습을 적극적으로 담은 이유는 대중들에게 심어져 있던 초등 교사에 대한 좋지 않은 선입견이나 고정관념을 깨고 싶기도 했어요. 사람들은 초등 교사가 퇴근 시간이 빠르고 방학이 있다는 이유로 꿀 빠는 직업이라는 표현을 많이 하죠. 하지만 실제로 저는 수업 준비 때문에 항상 바쁘고, 저만큼 열심히 하시는 분들도 주변에 많이 있었어요. 그래서 교사의 실상이 그렇지 않다는 것을 제 영상을 통해 사람들에게 알리고 싶었어요.

그렇게 계속 교육 전문가라는 제 꿈을 이루는 선상에서 유튜브 활동을 하다 보니 당연히 교육이라는 테마를 놓칠 수 없었고, 이후에 코로나가 발병하고 온라인 개학이 이루어졌을 때도 누구보다 앞장서서 새로운 교육방식에 뛰어들었어요. 그리고 그 모습이 온라인 수업 영상과 수업 준비 브이로그에 잘 녹아 나서 많은 사람들에게 요즘 교사들 참 열심히 하는구나라는 이미지를 심어주기도 했죠. 제 온라인 수업이 큰 반응을 일으켰고, 이후 제 삶도 180도 바뀌었어요. 아무리 노력해도 저를 알아주는 사람이 없었는데 교직 사회에서 제 이름이 널리 알려졌죠. 저는 그때 교육 전문가라는 제

꿈에 한 발 내디뎠다는 생각이 들었어요. 하지만 안타깝게도 그다음 해에 건강 문제를 심하게 겪었고, 결국 학교를 나오게 됐죠. 그때 저는 참 많이 불안했고 방황도 했어요. 꿈이 분명했기 때문에 유튜브 채널의 방향도 계속 일관되게 잡아 왔었는데, 이제는 어떻게 해야 할지 모르겠더라고요. 그런데 유튜브는 게시하는 영상의 주제가 갑자기 크게 바뀌면 구독자가 대거 이탈하는 문제가 생겨요. 실제로 제 채널도 갓 사직을 했을 때는 많은 사람들이 호기심에 제 채널을 구독했지만, 금세 많은 구독자들이 빠져나가기 시작했어요.

그 과정에서 제가 잘 할 수 있는 콘텐츠가 무엇일까 고민하기 시작했고 우연히 만들게 된 학생 연기 상황극이 큰 인기를 끌었어요. 저는 원래도 연기를 좋아하고, 학생 유형 상황극은 제가 오랜 기간 몸담았던 학교라는 공간과 관련이 있었기 때문에 '아 이거다!'라는 생각이 들었죠. 제 채널을 구독하는 분들이 대부분 학생들이나 교직 관련 사람들이었기 때문에 새로운 콘텐츠가 그들에게 거부감을 주지도 않을 것 같았고요. 그렇게 해서 퇴직 후 김켈리 채널의 방향이 다시 어느 정도 길을 찾게 됐어요. 제가 한 가지 목표를 가지고 오랫동안 일을 해 왔기 때문에 그 길에서 크게 방향을 틀지 않으면서 동시에 제가 잘하는 것, 제 개성을 잘 드러낼 수 있는 방법을 찾은 것 같아요.

채널의 구독자들에 대해서 말씀해 주세요.

편 채널의 구독자들에 대해서 말씀해 주세요. 주로 어떤 사람들이 많은가요?

김 유튜브 운영을 몇 년간 해오면서 유튜브 스튜디오 '분석' 탭에서 제공하는 구독자 정보를 종종 살펴보는데요, 시기 별로 구독자 층이 많이 변화해 왔어요. 처음에는 수업 실연 영상들을 올리면서 교대생, 사대생들이 많이 들어왔어요. 그 학생들이 교사가 되고 입소문을 타면서 예비 교사들과 신규 교사들이 구독하는 채널이 되었죠. 교대는 기본적으로 여학생들이 더 많은 편이기 때문에 제 채널 구독자층 분석을 보면 여자 비율이 월등히 높았고, 18~24세 구간의 사람들이 많았어요. 이후 교실 브이로그로 제 채널이 인기를 끌었을 당시에는 하루에 1만 명씩 새 구독자가 유입됐는데, 그때도 여고생들이 구독을 많이 했어요. 아이들 영상이 재밌고 귀여워서이기도 하지만 교사의 꿈을 가지고 있는 학생들이 동기 부여를 위해서 구독을 많이 한 것으로 보였어요.

그러다 온라인 수업 영상을 기점으로 갑자기 구독자 연령대가 올라갔어요. 현직 교사들이 제 자료를 쓰기 위해서 들어온 거예요.

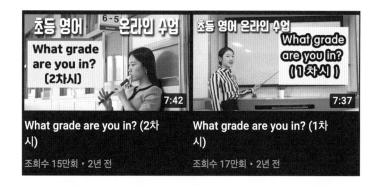

What grade are you in? (2차시)

조회수 15만회 · 2년 전

What grade are you in? (1차시)

조회수 17만회 · 2년 전

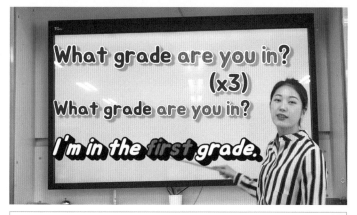

사람들의 많은 관심을 받았던 온라인 수업 영상들

● LIVE

안녕하세요 선생님. 어린이조선일보 ███ █ 기자입니다.

선생님께 인터뷰 요청드립니다(███교육 초등교과서팀) 🔍 🗗

김켈리 선생님 안녕하세요. 교육부 대변인실입니다.

[취재 요청] 안녕하세요. 조선에듀 ███ 기자입니다. 🔍 🗗

▼ [받은메일함] **SBS** 모닝와이드 제작팀입니다 🔍 🗗

| 안녕하세요 선생님 **KBS**아침뉴스타임 제작진입니다. 🔍 🗗

[YouTube] 코로나19 캠페인 영상 포함 문의

온라인 수업 영상이 올라간 후 쏟아진 관심   ● LIVE

그리고 온라인 수업에서 학생들이 영상을 시청할 때 부모님 계정으로 시청하는 경우가 많았어요. 그래서 제 채널 구독자에 30~50대 층이 많이 늘어났지요. 최근엔 학교 상황극 시리즈를 제작하면서 어린 학생 구독자들이 급격하게 늘었어요. 눈에 띄는 변화는 원래 제 채널은 항상 여자 비율이 높았는데, 여전히 여자가 조금 더 많긴 하지만 이제는 남녀 성비가 거의 비슷하게 바뀌었어요. 그리고 부모님 계정으로 유튜브를 보는 학생들이 많아서 현재는 35~44세 구간 이용자가 제 채널의 주 구독 시청층이라는 분석 결과를 확인할 수 있었죠.

편 선생님이 아이들의 입장에서 사연을 소개하고 연기하고 공감을 이끌어내는 걸 보면서 아이들은 카타르시스를 느끼는 것 같아요. 어떤 친구들 댓글을 보면, 학교에서 담임선생님은 너무 무서운데 김켈리 선생님은 너무 편한 거죠. 선생님께서 해주시는 위로가 있어요.

김 그렇게 생각해 주시니 감사하네요. 제가 아이들의 사연을 받아보니, 아이들의 세계가 참 복잡하고 쉽지 않다는 생각이 들었어요. 학교라는 공간이 어른인 선생님들에게는 정신없이 일하는 공간에 불과할 수도 있지만, 아이들에게는 매일 또래 친구들의 사회 속에서 자신의 위치를 확인하고, 소외되지 않기 위해 부단히 노력해야 하는 정글 같은 공간이기도 한 것 같아요. 아이들의 웃는 모습은 너무 예쁘잖아요. 선생님들이 단순하게 아이들을 바라봤을 때는 다들 너무 예쁘고 해맑고 즐겁게 지내는 것 같지만, 아이들 사이에서는 사소한 감정 다툼이나 서운하고 억울한 일과 즐거운 일이 동시에 생기기도 하니 감정적으로 힘든 공간이 학교인 것 같아요.

그래서 학생들이 보내온 사연들 중에 학교에서 힘들었던 일,

억울할 뻔했는데 시원하게 문제를 해결했던 일, 누군가가 자신을 구해줬던 일 등을 상황극으로 찍어서 올리면 많은 학생들이 그 상황에 공감을 하더라고요. 사실 현실은 대부분 속상하고 억울한 채로 문제가 끝나버린 경우가 많아요. 속 시원하게 문제가 해결되는 경우는 잘 없죠. 그래서 주인공이 속상한 채로 끝나는 영상을 보면 많은 학생들이 주인공의 마음에 공감하며 위로해 주고, 나쁜 행동을 한 친구가 잘못했다고 비판을 해주죠. 그리고 속 시원하게 문제를 해결한 스토리를 보여주면 마치 자기 일처럼 기뻐해 주는 아이들이 많은 것 같아요. 본인도 비슷한 상황이 있었는데, 자기는 그때 이렇게 해결하지 못했지만 주인공이 문제를 해결한 걸 보니 기분이 좋다며 대리만족을 느끼는 아이들도 있는 것 같고요. 제가 아이들을 직접적으로 위로해 준다기보다는 저는 아이들이 소통할 수 있는 장을 만들어 주었고, 아이들이 서로 위로해 주고 격려해 주는 역할을 한 것 같아요.

인기 비결이 뭐라고 생각하세요?

김켈리 채널의 인기 비결이 뭐라고 생각하세요?

김 현재 제 채널의 인기 핵심은 '공감'인 것 같아요. 영상 시리즈 이름마저 '김켈리 학생 공감'이에요. 학생들이 쉽게 공감할 수 있는 요소가 영상 스토리에 녹아있고, 또 제가 열심히 연기를 하고, 편집에도 공을 들여서 재미 요소를 더 하죠. 사실 저는 옛날부터 지루한 영상을 잘 못 봐요. 그래서 제 영상들을 편집할 때는 최대한 시청자가 지루하게 느끼지 않도록 많은 노력을 한답니다. 사람들은 보통 자신의 모습이 나오면 재밌다고 느끼는 경향이 있어요. 그런데 제가 제 모습을 봤는데도 재미가 없다면 다른 사람들은 몇 배는 더 지루하게 느낄 거예요. 그래서 조금이라도 지루할 만한 부분은 다 잘라 버려요. 지루하다는 기준은 제가 이 영상을 시청자 입장에서 봤을 때 중간에 스킵하고 싶어지는지 아닌지예요. 옛날에 교실 브이로그를 만들 때도 많은 분들이 제 영상에 시간이 순삭된다는 댓글을 많이 남겨 주셨는데, 우리 아이들이 너무 귀엽고 재밌어서 그렇기도 하지만 제가 조금이라도 지루한 텀이 생기는 부분은 모두 다 꼼꼼하게 편집해서 제거했기 때문이라고 생각해요.

아! 국 다 넘쳤네!

급식 시간
열 받는 순간
(2탄)

소율 ʕ•ﻌ•ʔ
머리카락 국에 들어갈때요 👀

국에 머리카락
빠졌네ㅠㅠㅠ

공감 요소를 잘 녹인 '학생 공감'시리즈 2탄   ● LIVE

편   선생님의 개성이네요.

김   네. 빠른 템포로 속도감 있게 전개되는 영상을 많이 만드는 편이죠. 하지만 제 말을 듣고 유튜브를 시도하는 학생들이 무조건 똑같은 스타일로 편집을 할 필요는 없어요. 저와 반대로 느리고 잔잔한 템포가 주가 되는 채널들도 많이 있거든요. 특히 영상미가 강조

공감 요소를 잘 녹인 '학생 공감'시리즈 3탄   ● LIVE

되고 분위기 있는 감성을 추구하는 영상을 많이 만드는 채널들이 그렇죠. 대표적인 예로 〈해그린달〉 채널이 있어요. 이 채널은 여자 유튜버가 차분하게 요리하고 살림하는 모습을 분위기 있게 촬영해서 보여주는 영상이 주 콘텐츠예요. 차분한 감성과 따뜻한 느낌의 영상에 큰 매력을 느낀 사람들이 많고, 현재 이 채널은 구독자 수가

무려 221만 명이에요. 그러니 자신의 채널 주제와 콘셉트에 맞게
편집을 하는 것이 중요하답니다.

특별히 기억에 남는 구독자가 있나요?

편 특별히 기억에 남는 구독자가 있나요?

김 구독자 중에 친한 분들은 평소에도 종종 댓글과 인스타그램 DM 등을 활용해서 소통하고 있어요. 고등학생 때부터 구독을 했는데 지금은 대학생이 된 구독자도 있고요. 주기적으로 계속 댓글로 소통하는데 성장해가는 모습을 보면 너무 신기해요. 고등학생이었던 시절이 엊그제 같은데 치위생과에 입학을 했고 이제는 곧 병원으로 실습도 간다고 하더라고요. 그 친구가 고등학교에 다닐 때 몸이 아픈 날들이 종종 있었는데, 씩씩하게 대학 생활을 잘하고 있는 것 같아서 무척 대견하고 신기했어요.

그리고 저에게 자신의 스토리를 자세하게 들려준 분이 있었어요. 남자분인데 어릴 때 KTX 기관사가 꿈이었대요. 지금은 진로 목표가 바뀐 것 같긴 한데, 시간이 났을 때 KTX에 임시직으로 들어가서 일을 해보기도 했더라고요. 그래서 제게 사진을 보여주면서 일반인들은 잘 모를 법한 기차의 부품이나 구조에 대해 알려주시기도 했어요. KTX를 자주 타고 다녔지만 기차나 안에서 일하시는 분들에 대해 큰 관심을 가져 본 적이 없었는데, 그분의 이야기를 들다 보니 아주 흥미롭더라고요. 비록 온라인상에서 댓글로만 소통하는 사이였지만, 조금씩 그 사람에 대한 정보를 얻고 그 사람에 대해 알아가기 시작하면 참 특별한 마음이 드는 것 같아요. 그리고 이렇게 유튜버가 많은 세상에서 제 채널을 몇 년 간 계속 찾아와주시는 분들이 신기하고 감사한 마음이 들어요.

제 채널의 규모가 천 단위로 많이 작았을 때만 해도 모든 댓글에 빠짐없이 대댓글을 달아줄 만큼 구독자들과 적극적으로 소통하려고 노력했었는데요, 이제는 댓글이 너무 많이 달리다 보니 좋아요 버튼을 눌러주는 일도 벅차서 100퍼센트 해드리지 못할 때가 있어서 아쉬운 마음이 들어요. 구독자들은 제가 그분들의 댓글에 짧게라도 대답해 드리고, 그분의 닉네임을 넣어 댓글을 달아드리면 정말 많이 기뻐하시거든요.

🔲 맞아요. 선생님 라이브 방송에 들어가니까 이름을 불러달라고 하던데요.

🔲 네. 맞아요. 저도 아이들이 어떤 마음인지 알 것 같아요. 제가 좋아하는 유튜버의 라이브 방송을 보다가 그분이 제 채팅에 응답해주니까 너무 신이 나더라고요. 어른도 이런데 아이들은 얼마나 더 크게 느껴지겠어요. 라이브 방송을 하다 보면 "소원이에요. 댓글 좀

달아주세요." 이렇게 조르는 학생들이 정말 많아요. 처음에는 이렇게 조르는 학생의 말을 들어주면 다른 학생들도 똑같이 조르기 시작하고, 통제가 안 될 것 같다는 생각이 들어서 응답을 하지 않았거든요. 그런데 라이브 방송을 몇 번 더 하다 보니 조금이라도 여유가 생기면 최대한 학생들의 이름을 불러주는 게 좋겠더라고요. 그게 그렇게 힘든 일도 아닌데 학생들은 제가 자기 이름 하나 불러줬다는 것에 엄청난 행복감을 느끼니까요. 아이들은 성인보다 자기가 좋아하는 대상의 작은 관심을 더 크게 받아들이는 것 같아요.

편 그래서 아이들이 TV를 안 보는 것 같아요. 유튜브가 훨씬 더 소통이 자유롭잖아요. 좋아하는 인플루언서가 자신의 이름을 불러주면 얼마나 좋아요.

김 그러게요. 오히려 요즘 아이들은 아기 때부터 유튜브를 보면서 자라는 일이 많잖아요. 어린이가 된 이후에는 이렇게 라이브 방송 문화도 쉽게 접하게 되는데, 내가 좋아하는 사람과 직접적으로 소통할 수 있는 플랫폼과 그렇지 못한 플랫폼에서 차이를 많이 느낄 것 같아요. 이 한계를 해결하기 위해서 많은 아이돌 가수들은 라이브 방송도 종종 하고, 팬들과 소통할 수 있는 창구를 찾으려고 노력하는 것 같더라고요. 저도 한 번씩 라이브 방송을 하고 나면 학생들이 너무 좋아하니까 '아 이걸 더 자주 해야 하는데'라는 생각을 하곤 해요.

📭 내가 좋아하는 사람한테 인정받는 거죠.

📵 맞아요. 제가 앞에서도 채널 추천에서 언급을 했었는데 '톡톡시아'라고 제가 좋아하는 초등학생 먹방 유튜버가 있어요. 여학생인데 표정과 말투가 너무 귀엽고, 영상도 센스 있어서 종종 즐겨 보는데요. 하루는 영상을 너무 재밌게 봐서 댓글을 남겼어요. 얼마 뒤에 '톡톡시아'님이 제 댓글에 좋아요를 눌렀습니다라는 알림이 왔는데 순간 정말 뛸 듯이 기쁘더라고요. 아니, 초등학생 유튜버한테 하트를 받고 이렇게 좋아할 줄은 저도 몰랐거든요. 정말 기분이 좋았어요.

📭 어떤 면에서는 평등한 공간이네요. 대단해요.

📵 그렇네요. 나이를 불문하고 내가 좋아하는 사람에게 어떤 반응을 받았을 때 느끼는 감정은 비슷한 것 같아요. 유튜브가 이렇게 평등한 공간이었네요.

제자들을 초대하시는데, 그 이유가 있나요?

📧 라이브 방송에 계속 제자들을 초대하시는데, 그 이유가 있나요?

📧 일단 출연하는 학생들이 유튜브에 나오는 걸 너무 좋아해요. 그리고 얼마나 많은 사람들이 들어와서 방송을 보고 있는지 바로 눈으로 확인할 수 있잖아요. 유튜브 채널 운영을 직접 하고 있는 아이들도 자기가 콘텐츠를 올렸을 때는 사람들이 많이 봐주지 않았는데, 제 채널에 출연하면 많은 사람들이 관심을 가져주는 것이 신기하고 좋은가 봐요. 아이들이 제 채널에 출연하고 나면 자신이 나온 방송의 조회 수도 신경 쓰더라고요.

요즘 아이들은 대체로 유튜브에 출연하는 것을 좋아하는 것 같아요. 처음에는 부끄러워하고 꺼리던 아이도 나중에는 제 집에 찾아오고 영상을 찍고 싶어 하더라고요. 예전에 교실 브이로그를 찍었을 때도 2학년 아이들이 자기 얼굴에 제발 모자이크 하지 말아 달라고 요청을 하곤 했어요. 제가 "너희를 보호해야 돼서 안 돼."라고 말하면 아이들이 "저는 보호 안 해도 돼요. 엄마한테 허락받고 올게요."라며 계속 조르더라고요. 저는 학교에서 근무했을 때도,

학교를 퇴직한 이후에도 아이들과 브이로그를 찍을 일이 생기면 부모님이 허락하셔도 얼굴 노출은 최대한 하지 않았어요. 혹시 학생들에게 문제가 생길까 걱정이 되어 다 모자이크 처리를 했지요. 그런데 나중에는 아이들이 진지하게 출연하고 싶다고 하더라고요.

한 번은 유튜브 채널을 직접 운영하고 있던 한 학생이 제 채널 실시간 방송에 나오고 싶다는 거예요. 학생의 어머니께 여쭤보니 아이가 이미 본인 채널도 운영하고, 유튜브에 관심이 많으니까 방송에 출연해도 좋을 것 같다고 해주셔서 처음으로 학생과 라이브 방송을 하게 됐어요. 그게 첫 시작이었죠. 주윤이가 하고 나니까 다른 아이들도 하고 싶어 하는 거예요. 그래서 부모님이 허락하는 아이들은 날짜를 잡아서 만나 라이브 방송을 같이 하고 있어요. 제가 먼저 제안한 경우는 없고, 항상 아이들이 먼저 하고 싶다고 해서 초대했어요. 주제도 학생들이 직접 고르게 하고요. 한 학생은 본인이 게임 채널을 운영하고 있어서 저와 게임 방송을 진행했는데, 그 방송 영상이 조회 수가 얼마 안 나왔었어요. 그랬더니 다음에는 다른 주제로 해도 된다고 얘기를 하더라고요. 저는 라이브 방송을 하면서 아이들이 스스로 해보고 싶은 것들을 마음껏 할 수 있는 기회를 주는 것에 의의를 두고 있어서 조회 수를 전혀 신경 쓰지 않아요. 아이들과 같이 재밌는 일을 시도하고, 추억을 쌓는 것이 주 목적인

제자들과 함께한 라이브 2 (게임 방송)　　　　　● LIVE

제자들과 함께한 라이브 (슬라임 만들기)　　　　　● LIVE

데 아이들은 조회 수가 어느 정도 신경이 쓰이나 봐요. 제가 요즘에 학생들과 라이브 방송을 가끔 한다고 주위에 이야기하면 사람들이 "그래, 어차피 유튜브 할 거면 선생님 채널이 낫죠. 다른 BJ나 유튜버보다는 그래도 선생님 채널이 안전할 것 같아요." 이렇게 반응하시더라고요.

📝 맞아요. 선생님을 통해서 아이들이 건전하게 유튜브에 눈뜨는 것 같아요.

📝 다행히도 제 채널은 구독자층 자체가 초등학생들이나 교직을 희망하는 학생들, 현직 교사처럼 순한 성향을 가진 분들이 많아서 악플도 거의 없고 안전한 편이에요. 가장 심한 악플이 "노잼이다"일 정도죠. 그런데 아이들과 함께 라이브를 진행하다 보면 한두 번 어떤 학생이 관심을 얻고 싶어서 악플을 보내는 경우가 있어요. "김켈리 못생겼다." 이런 글이요. 그러면 아이들이 라이브 끝나고 나서 부모님을 만났을 때 바로 그 악플 얘기부터 하곤 해요. 그런데 사실 제 채널 라이브 방송은 타 BJ들이 일반적으로 운영하는 방송들과 비교하면 악플이 거의 없는 편이에요.

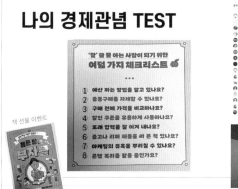

나의 경제관념 TEST

책 선물 이벤트

학생들과 책 내용에 대해 이야기 나누는 라이브   ● LIVE

김켈리의 상상력은 어디에서 나오나요?

편 김켈리의 상상력은 어디에서 나오나요?

김 저는 제 경험으로부터 아이디어를 많이 꺼내려고 하는 편이에요. 제 채널의 주제가 공감이니까요. 특히 학생 공감을 할 때는 교실에서 매일 관찰했던 아이들의 모습을 상상해요. 제 연기가 실감난다는 댓글이 많은데, 그 이유는 실제로 눈앞에서 보던 모습이라서 그런 것 같아요. 선생님이 아이들 앞에서 말하는 모습, 그 말에 아이들이 반응하는 모습, 선생님한테 질문하는 말투들, 다 제가 가까이서 보고 듣던 모습이잖아요.

학교생활을 주제로 학생 연기를 하는 유튜버들은 저 말고도 많이 있어요. 그런데 차이점을 찾자면 저는 얼마 전까지 매일 눈앞에서 본 아이들의 모습을 생생하게 떠올려 따라 하는 반면, 다른 유튜버들은 자신의 학창 시절인 먼 옛날 기억 속 모습을 떠올려 연기를 하니까 조금 차이가 있을 것 같아요. 아이들이 제 학생 연기가 굉장히 현실감이 있다고 칭찬하더라고요. 아마 비언어적인 요소도 잘 따라 해서 그런 것 같아요. 아이들이 말할 때 쓰던 표정이나 자세, 손짓 등도 생생하게 기억이 나거든요.

그런데 경험을 잘 꺼내려고 노력을 하더라도 매일 새로운 영상을 두세 개씩 만들다 보면 소재가 고갈이 되는 날이 많아요. 생각이 잘 떠오르지 않죠. 그때는 구독자들과 소통을 하면서 아이디어를 얻어요. 지금 제가 학생들로부터 사연을 받는 것처럼요. 학생들이 주는 사연을 읽다 보면 '아! 맞아~ 나도 학교 다닐 때 이런 일이 있었지!', '요즘 아이들은 이런 상황에 이렇게 생각하는구나.' 등 많은 생각을 하게 돼요.

편 선생님은 채널 구독자들의 자존감을 높여주시려는 것 같아요. 그게 일반 유튜버와 교육자 출신의 차이인 것 같아요. 많이 다듬어진 사람이 유튜브를 하는 게 정말 좋네요.

김 그렇게 말씀해 주셔서 감사해요. 아마 저보다도 훨씬 더 구독자들을 잘 챙기는 유튜버들도 많을 거예요. 저도 제가 할 수 있는 선에서 구독자들에게 해줄 수 있는 것들을 평소에 많이 해주고 싶어요.

유튜버가 되기 전과 후의 인생은 어떻게 다른가요?

편 유튜버가 되기 전과 유튜버가 된 김켈리의 인생은 어떻게 다른가요?

김 저는 이 질문을 받으면 항상 제 인생에 이 단어가 들어왔다는 말을 해요. 바로 '자유'라는 단어예요. 어릴 때부터 저에게는 자유라는 단어가 너무 중요했어요. 제가 하고 싶은 일을 스스로 선택하고 싶었거든요. 저는 기본적으로 열심히 일하는 타입이고, 책임감이 있는 편이에요. 그래서 혼자 둔다고 해도 불성실해서 못 먹고 살 타입은 아니기 때문에 주체적으로 제 삶을 선택해서 살고 싶었어요. 고등학생 내내 가졌던 진로 희망도 해외를 자유롭게 돌아다니며 무역 분야에 종사하는 것이었죠.

그런데 부모님과 담임선생님의 추천을 받아 생각지도 못하게 초등 교사가 됐어요. 처음에 대학에 진학해서는 한동안 방황도 했지만, 초등 교사직은 아이들에게 재밌는 수업을 하는 것이 중요해서 창의성이 필요한 직업이었어요. 그리고 제가 좋아하는 예체능 과목이 많고, 다양한 과목을 가르칠 수 있어서 재미있었어요. 아이들과도 잘 맞았고요. 그래서 교사 일을 하는 것은 적성에 잘 맞고 즐거웠어요. 특히 아이들과 함께 있는 시간 동안은 다른 사사로운 걱정거리가 다 잊혀서 좋았죠. 그런데 저는 초등 교사가 공무원이라는 사실이 너무 싫었어요. 공무원은 자유가 많이 없거든요. 평범하게 조용히 교실에서만 살면 상관없지만, 외부로 나가거나 다양한 일을 하려면 어려운 점이 많았어요. 무슨 일 하나를 하려고 해도 기관장의 허락을 받아야 했거든요. 저는 어렸을 때부터 남에게 부탁을 잘 못하는 아이였어요. 거절당하는 것에 대한 두려움이 컸거든요. 그래서 남에게 부탁을 잘 안 하고 혼자 일을 다 해버리는 편이 오히려 마음이 편했지요. 그런데 초등 교사는 공무원이어서 사소한 일을 할 때도 모든 일을 다 공문을 통해 허락을 맡아야 했어요. 단적인 예로, 아이들과 학교 밖에서 만나고 싶으면 기안을 써서 허락을 받아야 했어요. 또 아이들과 어떤 이벤트를 진행하려면 교장 선생님 한 분만 허락하면 되는 게 아니라 관련된 학부모들 모두의 동의서를 받아야 하니 쉽게 진행되는 일이 하나도 없었죠. 성격이 자신만만하고 거침없으면 "그냥 하면 되지.", "해 주세요." 이렇게 할 텐데, 저는 성격이 그렇지 못해서 혹시나 거절당할까 봐 일을 계획하는 단계부터 마음이 많이 힘들었어요.

　　그런데 학교를 나오고 유튜버가 되고 난 후에는 그런 일로 고민할 일이 없어졌어요. 유튜버는 기본적으로 본인이 스스로 계획을 세워서 영상을 제작하고 업로드해서 광고 수익을 얻는 사람이기 때문에 다른 사람에게 부탁할 필요가 없어졌죠. 상사는 당연히 존재하지 않고 일도 제가 하고 싶으면 하는 것이고, 하고 싶지 않으면 그냥 쉴 수도 있고요. 또 기업으로부터 협업 제안이나 요청을 받았을 때도 제가 수락하면 하는 거고, 아니면 안 해도 되는 상황이 됐어요. 그리고 학생들을 만날 때도 학교의 허락을 맡을 필요가 전혀 없어졌어요. 아이의 부모님께 구두 동의만 받아도 충분해졌죠. 제가 학교에 있었다면 우리 반 학생을 제 집에 초대해서 라이브 방송을 진행하는 일도 하기 어려웠을 거예요. 학교 밖에서 아이를 만나려면 무조건 학교의 허락을 받아야 했고, 유튜브 라이브 방송을 한다는 이유로 허가를 받기는 정말 어려웠을 테니까요. 저는 이제 제 인생의 주체가 온전히 제가 되었다고 느껴져요. 이 부분이 정말 만족스럽고, 이 자유의 소중함은 무엇과도 바꾸기 어려울 것 같아요.

편 유튜버라는 직업을 통해서 자유가 생긴 거네요.

김 네. 맞아요. 공무원과 180도 다른 삶을 살고 있죠. 매일매일이 자유로워요. 프리랜서 특성상 스케줄을 내 스스로 짜니 억지로 직장에 묶여 있는 시간이 없어요. 출근시간, 퇴근시간이 없고 매일매일 제 인생의 모든 시간을 제 뜻대로 자유롭게 컨트롤할 수 있게 된 거죠. 이렇게 말하면 유튜버가 환상의 직업처럼 느껴질 수 있는데, 또 그렇지만은 않아요. 사실 유튜버로 일을 하다 보면 구독자가 얼마고, 수익이 얼마고, 그런 숫자에 매달리게 돼요. 그러다 보면 어느새 불안한 마음이 커지죠. 그런 마음을 다잡으려고 저는 오늘도 두통이 없고 안 아픈 것만으로도 행복하다고 되뇌어요. 또 하고 싶은 일을 할 수 있는 자유와 기회를 가진 나는 행복한 사람이라고 계속 생각하죠.

김켈리 채널은 앞으로 어떻게 변할까요?

편 김켈리 채널은 앞으로 어떻게 변할까요?

김 열심히 영상을 만들어서 채널을 더 키우고 싶어요. 그래야 더 많은 학생들이 뛰어놀 수 있는 공간으로 만들 수 있을 것 같아요. 덩치를 키우면 키울수록 뭔가 할 수 있는 기회가 더 늘어난다는 걸 경험해서 알게 됐거든요. 영향력이 커질수록 나에게 주어지는 기회 자체가 달라져요. 제가 '헤이지니'님을 롤 모델로 삼은 만큼 학생들이 좋아할 만한 다양한 분야의 콘텐츠를 만들고 싶어요. 다른 사람들이 기존에 해오던 콘텐츠를 답습하기보다는 저만의 개성을 살릴 수 있는 재밌는 콘텐츠가 무엇이 있을지 끊임없이 고민해나가야 할 것 같아요. 하지만 계속 새로운 콘텐츠를 시도하는 것보다는 시청자들의 반응이 좋은 콘텐츠의 질을 높이는 것도 중요할 것 같아요. 당분간은 학생 공감 시리즈 영상을 더 열심히 만들어보려고요.

김켈리 선생님의 진짜 꿈은 뭐예요?

편 너무 좋네요. 김켈리 선생님의 진짜 꿈은 뭐예요?

김 초통령이요. 농담 반, 진담 반으로 초통령이 될 거라고 얘기하는데요. 아이들에게 좋은 영향력이 있는 사람이 되고 싶어요. 제가 콘텐츠로 고민하고 있는 게 공부 요소를 재밌게 전달하는 거예요. '영단어를 더 쉽고 재밌게 익힐 수 있는 방법이 없을까?', '아이들의 머리에 확 들어오는 멜로디 같은 거 어디 없나?' 이런 고민을 하고 있죠. 지금 당장은 제 채널을 더 많이 키우는 것을 목표로 하고 있지만 조금 여유가 생기면 숫자를 신경 쓰지 않고 학생들에게 필요한 것들을 제공하고 싶어요. 이런 요구가 실제로 있고요. 일주일에 몇 건 정도는 "공부 관련된 것도 올려주시면 안 돼요?"와 같은 댓글이 올라오거든요.

편 학생들이 좋아하는 유튜버에게 학습적인 도움을 받으면 정말 굉장한 거죠.

김 얼마 전에도 6학년 아이가 긴 메일을 보냈는데, 3학년 때 영어를 제대로 공부하지 않았더니 6학년이 된 지금 파닉스도 잘 모르는

온라인 영어수업의 센세이션!

<정쌤준쌤> 채널 합방 인터뷰   ● LIVE

퇴직 이후에도 이어진 인터뷰 요청   ● LIVE

Job
Propose 51

상황이다. 앞으로 영어를 어떻게 공부해야 할지 모르겠다고 도움이 필요하다는 내용이었어요. 답장을 길게 써서 보냈는데, 많은 학생들이 공부 고민 때문에 스트레스를 받는 것 같아요. 제가 교사 출신이고, 제 온라인 수업 자료가 아직도 여러 학교에서 쓰이다 보니 아이들이 저한테 학습 고민 상담을 해오는 경우가 종종 있거든요. 그래서 제가 가진 전문성과 특성을 살려서 교육 쪽도 재밌게 풀어보고 싶은 생각이 있어요.

📕 긴 시간 동안 너무 즐거운 시간이었습니다. 김켈리 선생님과 함께 종이 한 장 한 장 넘기면서 달려온 훌륭한 청소년들에게 한 말씀 부탁드려요.

📗 사랑하는 청소년 여러분, 제 긴 글을 읽어주어서 정말 고마워요. 여러분이 제 글을 읽고 조금이나마 용기를 얻었으면 좋겠어요. 유튜브는 뭐다? 남녀노소 조건 없이 누구나 자유롭게 도전할 수 있는 곳이다! 그리고 나를 표현하고 알릴 수 있는 곳이라는 점을 꼭 기억해 주세요. 책을 읽으면서 여러분은 내가 어떤 관심사가 있는 사람인지, 무엇에 흥미를 느끼는지 생각해 보았나요? 아직 관심이 가는 분야를 찾지 못했더라도 걱정하거나 실망할 필요는 없어요. 여러 차례 시도를 거듭하며 9,000만 구독자를 얻게 된 〈미스터비스트〉 채널의 이야기를 앞에서 들려드렸죠? 영상 제작과 채널 운영을 시도해 보고, 채널의 방향이 내 관심사와 잘 맞지 않거나 다른 것을 해보면 좋겠다는 생각이 들면 언제든지 다시 도전해 볼 수 있는 거예요. 그러니 유튜브 채널을 개설할 때도 너무 많은 고민을 하기보다는 일상 속에서 꾸준하게 영상을 만들 수 있는 소재가 무엇이 있을까 많이 생각해 보면 좋을 것 같아요. 처음부터 잘하는 사람은 없답니다. 하나씩 차근차근 시도하다 보면 그 과정에서 많은 것을 배우게 되고 한 뼘씩 더 성장해 있을 거예요.

📵 선생님, 유튜버로서 살아가는 지금의 삶이 꿈꾸던 삶인가요? 행복하세요?

📗 모든 일은 장점과 단점이 있는 법이죠. 세상에 쉬운 일은 하나도 없고요. 하지만 '자유'라는 요소를 중요하게 생각해왔던 사람으로서 저라는 사람은 프리랜서 형태의 유튜버로 일하는 것이 공무원으로 사는 것보다는 훨씬 더 잘 맞는다는 생각이 들어요. 사소한 부분에서 생기는 스트레스가 많이 줄었거든요. 지금도 과거의 직업 생활을 떠올리면, 수업이 힘들었다거나 아이들과 학부모를 대하는 것이 힘들었다는 생각은 전혀 떠오르지 않아요. 자유롭지 못했던 공무원이라는 신분이 가장 힘들었던 것 같아요. 반면에 유튜버라는 직업을 전업으로 하게 된 후에는 제 스스로 일을 선택하고, 스케줄을 짜서 생활할 수 있게 됐어요. 제 삶 속에 저를 제한하고 통제하는 요소가 없다는 사실이 매우 만족스럽고 행복합니다.

하지만 유튜버 일이 편하고 즐겁기만 한 것은 결코 아니에요. 하루 종일 편집을 하고 나면 저녁이 되고, 계속 다음 영상 아이디어를 짜내야 하고, 창작의 고통 속에 사는 일상이 반복될 때도 있죠. 멘탈이 그리 강하지 못한 저는 그런 상황이 반복되다 보면 언제까지 이 생활을 이어가야 하는 것일까? 그래도 교사 때는 주말에 맘 놓고 쉬기라도 했는데라는 생각이 들 때도 있었어요. 하지만 뒤돌아보니 유튜버로 사는 내 삶이 너무 바쁘고 힘들다고 느껴졌던 것이 더 좋은 성과를 내야 한다는 압박감과 초조함에 일을 꼭 붙들고 조금도 놓지 못하고 있었기 때문이더라고요. 이 일을 몇 개월만 하고 그만둘 게 아니잖아요. 장기적인 시각으로 몸과 마음 건강을 챙기고, 중간중간 필요한 휴식을 잘 취해가면서 일하는 것이 꼭 필요하겠다는 생각이 들었어요. 그것이 자기 스스로 스케줄을 짜서 생활하는 프리랜서에게 꼭 필요한 능력 중 하나인 것 같아요. 학생 여러분들도 혹시 유튜버를 직업으로 삼게 되어 일을 하다가 초조하고 불안한 마음이 들 때가 오면 제 깨달음을 기억해 주면 좋겠어요. 저는 앞으로도 제 스스로를 잘 돌보면서 더 행복한 크리에이터가 되기 위해 계속 노력해 나갈 거예요.

편 사회가 청소년들에게 많은 자유를 주고 있지만, 인생의 과정을 스스로 고민해서 선택할 수 있는 자유를 정말 주고 있는지 항상 고민하게 됩니다. 선생님은 인터뷰 중에 자유라는 말씀을 몇 번 하셨어요. 선생님께서 생각하시는 진정한 자유란 무엇인가요?

김 하고 싶은 일을 스스로 고민하고 선택할 수 있는 권한을 온전히 가지는 것이 제게는 '자유'로 느껴져요. 그래서 내가 하는 많은 일들에 허락을 구해야 하는 공무원 생활이 잘 맞지 않았다고 말했었지요. 그런데 뒤돌아 생각해 보면, 제게 초등 교사, 공무원으로 일했던 7~8년이 괴롭기만 하고 의미 없는 기간은 아니었다고 생각해요. 그곳에 있는 동안 좋은 사람들을 많이 만났고, 그 사람들은 지금까지도 제가 다양한 활동을 하는데 큰 도움을 주고 있거든요. 또 학교에서 근무하는 동안 교육 전문가가 되겠다는 목표를 가지고 열심히 노력하며 일하는 시간들도 가졌고요. 그 과정에서 저는 제 삶을 180도 바꿔 놓은 좋은 온라인 수업 자료를 만들 수 있는 수업 능력을 기를 수 있었어요. 그리고 유튜브에서 다른 사람들에게 도움을 줄 수 있는 콘텐츠들을 적극적으로 만들기 시작하면서 저도 모르는 사이 제 영향력이 많이 넓어졌죠. 이 모든 것들이 밑받침이 되어 제가 학교를 그만둔 이후에도 다양한 분야에서 활발한 활동을 할 수 있게 된 거죠.

저는 교사로 일하는 동안 항상 목표를 가지고 매 순간 최선을 다해 왔기 때문에 결국 내가 원했던 자유를 얻었을 때, 그 자유를 지켜낼 수 있는 환경을 미리 마련해 둘 수 있었어요. 하지만 청소년들이 자신이 하고 싶은 일을 스스로 고민하고 선택할 수 있는 '자유'를 얻기 위해서는 큰 용기가 필요하다는 생각이 들어요. 왜냐면 우리 사회는 아직까지 학생들이 충분히 생각하고 고민할 시간을 많이 주지 않기 때문이죠. 학생들은 자신도 모르는 사이 사회와 부모님이 나에게 바라는 모습을 좇아 살게 되거든요. 진정으로 내가 원하는 삶을 살고 내가 하고 싶은 일을 주체적으로 선택할 수 있는 자유를 누리려면, 어린 나이 때부터 내가 무엇을 할 수 있는 사람일지 탐색하고 홀로서기 할 수 있는 역량을 길러나가야 해요. 그리고 저는 학생들이 꼭 필요한 역량을 기르는데 유튜브 활동이 큰 도움이 될 거라고 봐요. 어린 나이 때부터 내가 관심 가는 분야를 꾸준히 탐색하고, 그 분야에 대해 탐구하고, 내 생각을 표현하는 연습을 해나가다 보면 분명 내가 가고 싶은 길이 조금씩 보이기 시작할 거예요. 또 탐색 기간이 더 필요한 학생이어서 가고 싶은 길이 잘 보이지 않더라도 유튜브 채널 운영 과정에서 습득한 자기표현력, 전달력, 창의력 등 다양한 역량은 어떤 일을 하게 되든 그 일을 더 훌륭하게 해낼 수 있게 도와주는 밑거름이 될 것입니다.

누구나 자신만의 콘텐츠를 적어도 한 가지 이상 가지고 있죠. 하지만 많은 사람들은 자신의 콘텐츠가 아직 완벽하지 않기 때문에, 남들에게 보여줄 것이 못된다고 생각하고 꽁꽁 묻어놓는 것 같아요. 여러분이 콘텐츠를 꽁꽁 묶어두고 꺼내지 않으면, 그 콘텐츠는 영영 발전할 수 없어요. 완벽하지 않은 상태라도 꺼내서 사람들에게 전달하는 다양한 시도를 해보세요. 그 과정에서 내가 생각지도 못한 일들이 일어날 수도 있어요. 유튜브 활동을 꾸준히 열심히 하다 보면 참 신기한 것이 아무도 나를 신경 쓰지 않는 것 같은데 나도 모르는 사이 나를 아는 사람들이 늘어간다는 거예요. 예를 들어 내가 열심히 일하고 있는 분야가 사람들이 잘 모르고, 관심도 높지 않아요. 이런 경우는 그 일과 관련한 콘텐츠를 만들어 올려도 조회 수나 구독자가 크게 늘지 않을 수 있어요. 그런데 세상에 내가 올린 콘텐츠가 필요한 사람이 정말 단 한 명도 없을까요? 많은 사람들 중 어느 한 사람이 내가 일하는 분야의 사람이 필요해서 검색을 했을 때, 그 사람은 내 콘텐츠를 발견하게 될 거예요. 그리고 나에게 연락을 취하게 될 겁니다. 실제로 제가 이전에 잠시 음악을 배웠던 선생님이 있어요. 그분도 유튜브 채널을 개설하고 자신의 곡을 채널에 꾸준히 올리셨죠. 그분이 하루는 제게 말했어요. "정말 신기한 게, 조회 수도 안 높고, 구독자도 별로 없는데 제 유튜브를 보고 레슨 요청이 계속 들어와요."라고요. 유튜브에 꾸준히 내 콘텐츠를 올려두는 것만으로도 내 영향력을 넓힐 수 있는 일이 되는 거예요. 그러니 여러분, 당장 조회 수나 구독자가 늘지 않는다고 좌절하지 마세요. 내 기록을 꾸준히 유튜브에 올려두는 자체가 나의 세상을 넓혀가는 일이라고 생각하며 포기하지 말고 콘텐츠 제작을 이어갔으면 좋겠어요.

편 『WHY NOT? 유튜버』 편을 마칩니다. 우리는 1인 1콘텐츠의 시대를 살아가고 있습니다. 어떤 직업을 갖더라도 내가 가진 콘텐츠로 사회에서 경쟁하면서 내가 주도권을 쟁취할 수 있는 시대라고 생각해요. 이 책을 읽는 청소년 여러분, 유튜버 많이 보시죠? 이제는 보지 말고 제작해 보세요. 그럼 세상이 훨씬 더 넓고 자유롭게 느껴질 겁니다. 여러분의 장점을 마음껏 펼쳐보세요. 누군가 여러분의 단점을 거들먹거리며 한계를 지으려고 한다면, 여러분의 장점을 빛내서 그 단점까지도 살려나가기를 바랍니다. 그런 꽃을 피우기 위해 저는 오늘 유튜버라는 자유롭고, 공감 가득한 직업을 통해 여러분을 만났습니다. 이 세상의 모든 직업이 여러분을 차별하지 않고 모든 문을 활짝 열 수 있도록, 잡프러포즈 시리즈는 부지런히 달려갑니다. 다음 편에서 뵙겠습니다! 감사합니다.

[반짝반짝 우리 선생님] 유튜브로 소통하는 '김켈리' 교사

오누리 기자   조선에듀 기사 작성일 : 2020.07.15 06:00

⊕가 ⊖가 ▭ 🖨 | 🔵 🔵

"선생님도 실수해"
솔직한 모습으로 아이들에게 다가갔어요

"내일은 세계 여러 나라 민속춤을 수업할 거예요. 학생들에게 알려주려면 제가 먼저 배워야겠죠?"

카메라 앞에 선 초등 교사가 마오리족의 상징 '하카춤'을 따라 하기 시작한다. 양손으로 무릎과 가슴을 치고 발을 구르면서 상대를 위협하는 듯한 동작을 연습하는 데 여념이 없다. "이거 생각보다 훨씬 어려운데?" 늦은 밤, 텅 빈 교실에서 홀로 하카춤을 추던 교사는 몇 번이고 웃음을 터뜨렸다. 영상의 주인공은 8만 명에 달하는 유튜브 구독자를 둔 초등교사 김켈리(가명). 진땀을 흘리는 선생님의 춤 연습 영상은 유튜브에서 조회 수 50만 회를 넘어섰다.

"이번이 첫 인터뷰예요. 그동안 많은 언론사에서 인터뷰 요청을 받았지만 전부 거절했어요. 어린이조선일보는 초등학생이 읽는 신문이라는 점에서 마음이 갔죠. 교사를 꿈꾸는 독자에게 도움이 됐으면 좋겠네요!" 지난 9일 만난 '쌤튜버' 김켈리 교사는 본명과 재직 중인 학교 등 개인정보를 밝히고 싶지 않다고 했다. 그는 "혹시 내 이름과 나이를 알아도 유튜브 채널 댓글에 쓰지 말아 달라"며 웃었다. / 이한솔 기자

교사로 일할 당시 유일하게 취재에 응했었던 어린이일보 기사   ● LIVE

청소년들의 진로와 직업 탐색을 위한
잡프러포즈 시리즈 51

WHY NOT? 유튜버

2022년 7월 25일 | 초판1쇄
2024년 5월 20일 | 초판3쇄

지은이 | 김켈리
펴낸이 | 유윤선
펴낸곳 | 토크쇼

편집인 | 김수진
교정 교열 | 박지영
표지디자인 | 이희우
본문디자인 | 김연희
마케팅 | 김민영

출판등록 2016년 7월 21일 제2019-000113호
주소 | 서울시 마포구 월드컵북로98, 2층 202호
전화 | 070-4200-0327
팩스 | 070-7966-9327
전자우편 | myys327@gmail.com
ISBN | 979-11-91299-62-5(43190)
정가 | 15,000원